A Revolução Científica

e as Origens da Ciência Moderna

Ciência e Cultura

Consultor:

Henrique Lins de Barros
Pesquisador-titular do Museu de Astronomia e Ciências Afins / CNPq

Entre o Cristal e a Fumaça
Ensaio sobre a organização do ser vivo
Henri Atlan

Teorias de Tudo
A busca da explicação final
John D. Barrow

A Caixa Preta de Darwin
O desafio da bioquímica à teoria da evolução
Michael Behe

Convite à Física
Yoav Ben-Dov

História Natural do Homem
O homem imprevisto
André Bourguignon

Gigantes da Física
Uma história da física moderna através de oito biografias
Richard Brennan

A Escuridão da Noite
Um enigma do universo
Edward Harrison

Inteligências Extraterrestres
Jean Heidmann

A Revolução Científica
E as origens da ciência moderna
John Henry

As Origens de Nosso Universo
Malcolm S. Longair

Vírus e Homens
AIDS: seus mecanismos e tratamentos
Luc Montagnier

Os Grandes Experimentos Científicos
Michel Rival

A Unificação das Forças Fundamentais
O grande desafio da física contemporânea
Abdus Salam et al.

Será que Deus Joga Dados?
A nova matemática do caos
Ian Stewart

De Arquimedes a Einstein
A face oculta da invenção científica
Pierre Thuillier

O Tempo na História
Concepções do tempo da pré-história aos nossos dias
G.J. Whitrow

Projeto Genoma Humano
Um conhecimento perigoso
Tom Wilkie

John Henry

A Revolução Científica
e as Origens da Ciência Moderna

Tradução:
Maria Luiza X. de A. Borges

Revisão técnica:
Henrique Lins de Barros
Doutor em física e diretor do Museu de Astronomia e de Ciências Afins, MAST/CNPq

Jorge Zahar Editor
Rio de Janeiro

Para minha irmã, Kay (1948-1996)
In memoriam

Título original:
The Scientific Revolution and the Origins of Modern Science

Tradução autorizada da primeira edição norte-americana, publicada em 1997 por Macmillan Press, de Londres, Inglaterra

Jorge Zahar Editor Ltda.
rua México 31 sobreloja
20031-144 Rio de Janeiro, RJ
tel.: (021) 240-0226 / fax: (021) 262-5123

Capa: Carol Sá
Ilustração: Marcelo Torrico

CIP-Brasil. Catalogação-na-fonte
Sindicato Nacional dos Editores de Livros, RJ.

Henry, John
H451r A revolução científica e as origens da ciência moderna / John Henry; tradução Maria Luiza X. de A. Borges; revisão técnica Henrique Lins de Barros. — Rio de Janeiro: Jorge Zahar Ed., 1998
(Ciência e cultura)

Tradução de: The scientific revolution and the origins of modern science
Inclui bibliografia
ISBN 85-7110-442-5

1. Ciência – História. 2. Ciência – Filosofia. I. Título. II. Série.

CDD 509
98-1078 CDU 50(091)

Sumário

Nota sobre as referências

As referências são citadas sempre entre colchetes de acordo com a numeração na bibliografia selecionada, com ponto-e-vírgulas separando cada item. Referências de página, quando necessárias, são indicadas por dois pontos após o número da bibliografia.

AGRADECIMENTOS

Como muitos de meus colegas sabem, a produção deste pequeno livro exigiu-me muito mais tempo do que deveria. Dá-me grande prazer poder, enfim, agradecer a Richard Overy e a Roy Porter por sua paciência e incentivo indefectíveis. Na Macmillan, Vanessa Graham e depois Simon Winder provaram-se também sempre encorajadores e inacreditavelmente tolerantes à medida que os prazos finais venciam um após o outro. Sou muito grato a ambos por esse generoso tratamento. A maior dívida do autor ao trabalhar num livro deste tipo, porém, é para com os autores de todos aqueles livros e artigos de que fez uso ao escrevê-lo. A lista completa de todos eles seria mais longa do que a bibliografia em que este livro é em grande parte baseado. Graças a esses autores posso concordar sinceramente com Robert Hooke, quando disse que "quanto mais informado você está, mais é capaz de indagar e tentar descobrir o que se considera ser um conhecimento mais profundo com relação àquele assunto". Tenho grande esperança de que os leitores deste livro se sentirão também eles próprios mais capazes de seguir buscando uma compreensão mais completa das origens da ciência moderna. Enquanto este livro era escrito minha irmã, Kay, suportava bravamente as devastações do câncer de mama e do tratamento médico destinado a aplacá-lo. Ela morreu algumas semanas antes que eu o pudesse concluir. Sempre nos amamos muito ternamente e dedico este livro à sua memória.

JOHN HENRY
Edimburgo, 1996

Apresentação

No século XVII a Europa ocidental começou a desenvolver uma nova forma de olhar a natureza. Embora as bases dessa nova visão estejam situadas bem antes, é nos trabalhos de filósofos da natureza como Galileu, Descartes, Newton e muitos outros que se encontram, já de forma bastante elaborada e consolidada, os elementos da chamada revolução científica. De fato, hoje percebemos que estes pensadores, praticantes das matemáticas, estudiosos da vida, sintetizaram várias correntes de pensamento e iniciaram uma nova descrição dos fenômenos naturais, em oposição à bem estabelecida e sólida interpretação medieval baseada em uma cosmologia aristotélica. Esse momento da história do pensamento ocidental é o início de um verdadeiro império do saber racional que, hoje, está claro no que chamamos ciência. Não se trata de momento isolado nem de contribuição de um ou outro genial pensador. Antes, é a consolidação de idéias e de observações que se ajustam e se encaixam, permitindo pensar, de forma matemática e abstrata, uma realidade que, até então, era vista como algo real e concreto, regida por desígnios e sujeita a vontades sobrenaturais: os corpos celestes estão fixos em esferas de cristal e giram em movimento uniforme, os movimentos ou são naturais ou violentos, a natureza não admite o vácuo, e assim por diante.

A idéia de que os trabalhos desses filósofos se caracterizam pela adoção, em larga escala, de experimentos controlados não tem sustentação plena. Não que a idéia de experimento tenha sua importância questionada, mas sim que ela, por si só, não é capaz de alterar uma cosmovisão ou contribuir para um conhecimento extremamente coerente de um fenômeno. Tampouco é verdade que os trabalhos desses filósofos tenham tido aceitação imediata e se estabelecido como critérios únicos de descrição do mundo natural. Muito ao contrário: várias correntes conviveram por muito tempo, e o que hoje entendemos, por exemplo, como uma física newtoniana, é, de fato, uma construção e uma depuração dos trabalhos de Newton.

Entender essa revolução do pensamento não é tarefa que possa ser desenvolvida sem o auxílio de várias disciplinas: impossível ignorar as questões técnicas dos trabalhos desses homens, assim como seria leviano desprezar o contexto em que eles foram produzidos, as crenças que formavam uma espécie de base para elaboração do raciocínio, as interferências religiosas e as particularidades locais, bem como as questões relacionadas com o próprio perfil psicológico de cada um de seus protagonistas.

A chamada revolução científica do século XVII não tem sua origem no pós-Renascimento. A construção de uma visão de mundo e de valores básicos — como a harmonia, a elegância, a simplicidade, que vêm de ideais europeus da Idade Média e tem, no Renascimento, sua representação mais conhecida — contribui de forma flagrante na construção da ciência moderna. O humanismo renascentista, que coloca no homem a possibilidade (e a obrigação) de entender o mundo que se apresenta muito complexo, terá sua importância clara nos trabalhos de vários pensadores. Como explicar, por exemplo, a crença, em nenhum momento questionada, de que existem leis universais que regem a natureza e que estas, por sua vez, podem ser explicitadas em forma matemática?

As reações iniciais a essa posição cedem rapidamente lugar a um certo otimismo ou mesmo euforia: a natureza é descritível por meio da matemática, e relações de pureza são relações naturais. As harmonias musicais, que no século XVII estão bem estabelecidas com as regras de contraponto e as possibilidades de fazer uma música composta por várias melodias, irão influenciar esse movimento em que a natureza passa a ser olhada como uma espécie de laboratório, onde o fenômeno deve ser compreendido em suas partes, em que o experimento deve ser lido à luz de uma teoria que seja econômica e bela.

A história da ciência não pode prescindir de todos esses elementos. Não pode focalizar somente um avanço técnico ou a formulação de uma nova teoria dentro do corpo teórico da área. Deve, para se propor a ser uma verdadeira História, voltar-se para um contexto muito mais complexo, onde teorias, experimentos, instrumentos e interpretações não são, de forma alguma, produto de um pensamento isolado mas refletem um momento histórico. É curioso vermos que o que poderia parecer um mero fenômeno natural, portanto isento de qualquer interpretação, é, na realidade, uma construção onde se privilegia um ou outro aspecto. Não se trata, naturalmente, de negar o fenômeno, de dizer que tudo o que se encontra na natureza ou se observa com os nossos sentidos não possua uma realidade própria. Trata-se, sim, de afirmar que nossa interpretação tem uma dimensão histórica, que varia de acordo com o corpo de conhecimento que auxilia a interpretar o que é observado. Nesse sentido, o real é inatingível e o que nos resta fazer é construir, a cada momento, uma interpretação que seja aceita e que tenha, por isso mesmo, uma duração.

Esta complexidade inerente à história da ciência está esboçada no trabalho sucinto de John Henry. Torna-se claro para o leitor como se constrói uma nova disciplina, necessariamente multidisciplinar, que exige do estudioso um conhecimento que rompe as barreiras específicas de cada área. Impossível compreender-se a racionalidade proposta pela ciência moderna sem que se leve em conta o pensamento mágico, as influências religiosas, políticas e sociais, sem que se considere valores como a beleza, a harmonia, a economia ou o equilíbrio de um discurso científico, atributos que passam ao largo do método que a Ciência Moderna propõe.

HENRIQUE LINS DE BARROS

1

A Revolução Científica e a Historiografia da Ciência

Revolução científica é o nome dado pelos historiadores da ciência ao período da história européia em que, de maneira inquestionável, os fundamentos conceituais, metodológicos e institucionais da ciência moderna foram assentados pela primeira vez. O período preciso em questão varia segundo o historiador, mas em geral afirma-se que o foco principal foi o século XVII, com períodos variados de montagem do cenário no século XVI e de consolidação no século XVIII. De maneira similar, a natureza precisa da revolução, suas origens, causas, campos de batalha e resultados variam muito de autor para autor. Tal flexibilidade de interpretação indica claramente que a revolução científica é sobretudo uma categoria conceitual do historiador. Mas o fato de a revolução científica ser uma expressão de conveniência para historiadores não significa que ela seja um mero produto de sua imaginação sem nenhuma base na realidade histórica.

É fácil perceber que o conhecimento do mundo natural era muito diferente em 1700 do que fora em 1500. Durante esse período, mudanças extremamente significativas e de grande alcance produziram-se em todos os aspectos da cultura européia ligados à natureza do mundo físico e ao modo como ele deveria ser estudado, analisado e representado, e muitos desses desenvolvimentos continuam desempenhando papel importante na ciência moderna. Podemos considerar, portanto, que o conceito de revolução científica designa um processo muito real de mudança básica. Se quisermos compreender a natureza e as causas dessas mudanças, devemos tentar definir exatamente quais eram as questões fundamentais para os antigos pensadores, as alterações mais significativas que eles operaram quanto a modos de pensar, as modificações mais claras ocorridas em sua organização social, as mudanças de maior alcance em sua prática científica e as implicações das descobertas e invenções mais expressivas. Não precisamos nos deter, contudo, em discussões sobre a data inicial correta, o tipo preciso de revolução que se deu ou a melhor maneira de definir mudança revolucionária em ciência. Fazê-lo seria supor erroneamente que um mero termo de referência conveniente para uma ampla gama de mudanças sociais e intelectuais relevantes apreende de algum modo a suposta essência dessas mudanças [32; 170].

A reificação da revolução, como uma revolução, deu origem, no entanto, a um importante debate historiográfico que continua em curso. Vários historiadores sustentaram que o próprio conceito de uma revolução no início da ciência moderna, com sua implicação de ruptura radical com o passado, é impróprio ou equivocado. A questão depende inteiramente, é claro, dos critérios que se venha a usar para circunscrever o debate. O consenso atual parece ser que, embora tenha sido exagerada no passado, a visão "continuísta" do desenvolvimento científico permanece válida por apontar os muitos e vários antecedentes de desenvolvimentos posteriores detectáveis no período medieval [139]. Ali onde a Idade Média pôde ser apresentada outrora como um período de esterilidade e estagnação científica, podemos ver hoje, graças ao excelente trabalho de historiadores continuístas, os feitos de pensadores medievais, em particular nos campos da astronomia e cosmologia, óptica, cinemática e outras ciências matemáticas, bem como no desenvolvimento da noção de leis naturais e do método experimental [41; 42; 173].

Ademais, a historiografia continuísta desempenhou um importante papel ao chamar a atenção dos historiadores da ciência para os perigos do chamado whiggismo (ver glossário). Há na história da ciência uma tendência a lançar sobre o passado um olhar determinado pelo que mais tarde se julgou ser importante. Julgar o passado em função do presente é ser whiggista. Nas primeiras décadas da formação da disciplina, era comum que um historiador da ciência selecionasse, digamos, da obra de Galileu ou da de Kepler, aqueles aspectos que eram ou que podiam ser mais facilmente levados a parecer antecipações diretas da ciência que hoje prevalece. A história resultante, muitas vezes, não passava de uma lamentável distorção do modo como as coisas eram. Mas a própria noção de revolução científica, é fácil ver, incorpora algo de bastante whiggista. A ciência daquela época foi revolucionária porque, ao contrário da ciência anterior, assemelhou-se à nossa, ou assim pensamos. É quase como se quiséssemos dizer não apenas "aqui estão as origens da ciência moderna", mas "aqui está o início da ciência atual".

Num certo sentido esse tipo de whiggismo ainda prospera na história da ciência. A *raison d'être* da história da ciência é, essencialmente, procurar compreender por que e como a ciência veio a se tornar uma presença tão dominante em nossa cultura [161]. Assim sendo, toda a nossa história é voltada para o presente. Por isso, embora o repúdio vigoroso ao whiggismo tenha se tornado hoje uma senha que é preciso pronunciar para ganhar acesso às fileiras dos estudiosos sérios, o whiggismo se esconde em todos nós [98]. O eminente historiador do intelecto, Richard H. Popkin, certa vez anunciou espirituosamente que pretendia estudar as razões por que "um dos maiores teólogos antitrinitários do século XVII", Isaac Newton (1642-1727), teria reservado parte de seu tempo para escrever obras sobre ciência natural [169]. Por que qualifico isto de espirituoso? Porque me parece impossível levar a sério a sugestão de que a importância histórica de Newton deriva de sua reputação como teólogo. Nessa medida, tenho meu próprio whiggismo. Acredito que estudamos Newton por ele ter dado contribuições tão excepcionais à nossa cultura científica. Nada mais acerca desse homem fascinante pode apresentar tamanho interesse.

O continuísmo, contudo, pode ser visto, pelo menos até certo ponto, como um antídoto para as tendências whiggistas, porque tende a ser um olhar voltado para trás e não inerentemente voltado para a frente. A tentativa de ver Galileu (1564-1642) como um teórico do *impetus* de nossos dias é, em essência, menos whiggista que a de apresentá-lo como alguém que prefigurou a inércia newtoniana, e deveria nos remeter à sugestão de Herbert Butterfield (antes de se tornar ele próprio um historiador *whig* ao escrever um livro sobre a revolução científica! [98: 58]) de que tentássemos "ver a vida com os olhos de outro século que não o nosso" [citado em 98: 48]. Hoje praticamente todos os historiadores da ciência tentam evitar formas declaradas de whiggismo, sejam eles revolucionistas ou continuístas, mas parece seguro dizer que os historiadores da Idade Média estiveram entre os primeiros a mostrar o caminho [41; 42; 55].

Outro indicador de que o conceito de revolução científica é inerentemente whiggista é a própria palavra "científica". O uso que hoje fazemos da palavra "ciência" foi cunhado no século XIX e, estritamente falando, "ciência" no nosso sentido era algo que não existia no período moderno inicial. Falar como se existisse, como venho fazendo, é uma distorção obviamente whiggista. Parte de nosso objetivo, ao considerar o desenvolvimento histórico do que concebemos como ciência, deveria ser compreender como o próprio conceito "ciência" surgiu; se falamos sobre "ciência" como se isso sempre tivesse existido, estamos apenas evitando a questão.

Bem, se não havia nenhuma "ciência" no tempo da revolução científica, havia o quê? Havia algo chamado "filosofia natural", que pretendia descrever e explicar o sistema do mundo em sua totalidade. Havia uma série de tradições disciplinares tecnicamente desenvolvidas, seja fundadas na matemática, como a astronomia, a óptica, a mecânica e a cinemática e o que era chamado de música, mas que veríamos como um estudo muito mais matemático baseado em princípios de razões e outros aspectos de proporção [30; 34]; ou fundadas na medicina, como a anatomia, a fisiologia e a farmacologia [76; 77; 101; 165; 226]. Por fim, havia uma série de artes práticas, como a navegação, a cartografia, a fortificação, a mineração, a metalurgia e a cirurgia [193: 225-7; 136]. A relação entre essas disciplinas técnicas e a filosofia natural requer uma elucidação cuidadosa, e o trabalho nessa área prossegue [80; 81].

Algumas das pesquisas mais interessantes em história da ciência empenharam-se em mostrar como interações cambiantes entre as disciplinas especializadas e a filosofia natural deram origem, por intermédio de praticantes em ambos os campos, não só a novos desenvolvimentos no conhecimento e na prática, como a algo que parece mais próximo de nossa demarcação atual das disciplinas científicas, ou mais diretamente relacionadas a ela. O esforço de Galileu para reunir a cinemática e a filosofia natural resultou no que ele chamou de a nova ciência do movimento, que os historiadores ainda vêem como um passo decisivo rumo a teorias subseqüentes [205]. Da mesma maneira, a nova e extremamente influente filosofia natural de René Descartes (1596-1650), a filosofia mecânica, foi estabelecida a partir de suas tentativas de fundar a filosofia natural sobre as certezas do raciocínio geométrico [88]; e a nova filosofia natural de Newton baseou-se, como mostrava o título de seu livro, em princípios matemáticos [80]. O desenvolvimento das teorias atomistas da matéria nasceu pelo menos em parte dos esforços de filósofos naturais de formação médica em ampliar a filosofia natural de Aristóteles de modo a explicar o conhecimento empírico dos químicos [63]. A nova filosofia experimental, desenvolvida na Inglaterra no final do século XVII por Robert Boyle (1627-91) e outros, pretendia demarcar novas fronteiras disciplinares em torno da filosofia natural correta, e excluir o que fora anteriormente considerado prática correta [201].

A partir disto, deveria estar claro que, em se tratando do período moderno inicial, o uso da expressão "filosofia natural", em vez de "ciência", está longe de ser ideal. As duas expressões nada têm de equivalentes. Uma das coisas que revolução científica tem de revolucionária é precisamente o fato de que, ao longo de todo o período, a filosofia natural estava se transformando a ponto de se tornar irreconhecível, e se tornando mais próxima de nosso conceito de ciência. Mesmo assim, a expressão filosofia natural era a mais utilizada na época para designar uma compreensão do mundo físico. Assim, utilizarei "filosofia natural" e "ciência" como se fossem equivalentes, tendo em mente, em ambos os casos, nada mais que o esforço para compreender, descrever ou explicar os modos de funcionamento do mundo físico (usarei também as formas adjetivadas, "filosófico natural" e "científico" de maneira correspondente). Espero que nenhum desses anacronismos se mostre demasiado confuso.

É possível reconhecer um certo whiggismo nas razões que nos levam a considerar a história da ciência sem permitir, no entanto, que ele invada nossas narrativas históricas. Nosso objetivo como historiadores não deveria ser impor nossas idéias, mas buscar uma compreensão tão completa quanto possível do contexto da época. Por exemplo, se desejamos compreender a reação da época a um pequeno livro como *Siderius nuncius* (*Mensagem das estrelas*, 1610), de Galileu, em que ele apresentou as descobertas que fizera virando o recém-inventado telescópio para o céu noturno, é óbvio que não podemos simplesmente ler o texto de Galileu [82]. Tampouco será suficiente nos familiarizarmos com a astronomia e a cosmologia técnicas de seu tempo. O fato de que alguns dos contemporâneos de Galileu se recusaram a olhar por seu telescópio, por exemplo, é bem conhecido. Por que eles reagiram desse modo? Obviamente não por causa de qualquer detalhe técnico astronômico [220]. Uma compreensão das implicações do texto de Galileu também é relevante. Um leitor da época teria reagido de maneiras diferentes a uma obra que provavelmente não teria qualquer impacto além de sua área imediata e a outra que podia ser vista como contrariando não só a astronomia e a cosmologia dominantes como também a filosofia natural mais ampla e a crença religiosa. Uma explicação realmente completa exigiria também algum conhecimento do conceito então vigente sobre Galileu: sua reputação, sua motivação presumida ou percebida, a imparcialidade que era possível lhe atribuir no que ele dizia, e assim por diante [13; cf., para considerações semelhantes sobre outros pensadores, 201; 200; 198]. Evidentemente, não há limites definidos para um empreendimento desse tipo, razão por que nenhum historiador isolado pode ter a última palavra em qualquer tópico. É sempre possível assinalar mais alguma coisa no pano de fundo da questão, algo que pode ser relevante para nossa tentativa de reconstruir o passado.

O empenho por uma contextualização cada vez mais rica pode ser visto, portanto, como a força propulsora da atual historiografia da ciência. O contextualismo pode ser considerado o resultado de um ecletismo que combinou abordagens à história da ciência antes vistas como opostas. A disciplina da história da ciência estava fendida pela guerra entre internalistas e externalistas (*c.*1930-59). Supostamente, os internalistas teriam acreditado que a ciência, ou talvez uma subdisciplina individual dentro da ciência, era um sistema de pensamento auto-suficiente, auto-regulador e desenvolvido em conformidade com sua lógica interna própria. O externalista, por outro lado, acreditaria que o desenvolvimento da ciência era determinado pelo contexto sociopolítico ou socioeconômico do qual ela emergiu. Na verdade, nenhuma das duas posições parece ter tido sua validade ou viabilidade demonstradas [199: 345-51], e não demorou para que uma abordagem declaradamente eclética se impusesse (*c.*1960). De fato, essa abordagem eclética ainda é dominante, o que significa na prática que quase todos os trabalhos recentes podem ser situados em algum ponto de um espectro que varia gradualmente do mais internalista [e.g. 55; 63] até o mais externalista [e.g. 161; 125]. Mas os novos ecléticos, ao contrário dos externalistas, reconhecem que os juízos científicos sobre resultados experimentais ou analíticos pertinentes, ou sobre a teoria correta, por vezes só podem ser compreendidos em termos da tradição técnica em cujo seio desempenham um papel, não podendo ser isolados de considerações sociais mais amplas. Isso, contudo, não é o mesmo que internalismo, uma vez que os historiadores ecléticos da ciência sustentariam (ou suporiam) que em tais casos a tradição técnica é ela própria um fenômeno socialmente construído, ou culturalmente determinado, e que o trabalho no interior da tradição é afetado pelas interações sociais entre os especialistas relevantes [199: 352-3; 193; 222; 195; 75].

Assim, o importante a notar acerca da historiografia da ciência é que uma contextualização cada vez mais rica tem sido a principal ambição da maioria de seus praticantes há algumas décadas. O resultado é uma subdisciplina da história que tem um florescimento próprio, e que, de maneira mais geral, vem dando uma importante contribuição para nossa compreensão do como e do por que a ciência se tornou um aspecto tão poderoso da cultura ocidental. Neste esforço geral para compreender a dominância cultural da ciência, as análises da revolução científica desempenham um papel importante. Mas, ao considerarmos essas análises, é importante ter sempre em mente as complexas questões historiográficas que ajudaram a moldá-las.

2

O Método Científico

O desenvolvimento e a fixação da metodologia característica da ciência sempre foram considerados constitutivos da revolução científica. A.C. Crombie tentou mostrar que as origens de pelo menos um elemento básico dessa metodologia, o experimentalismo, podiam ser situadas no século XIII [41; 42], mas o consenso historiográfico vem se opondo claramente a ele [139: 361]. Da mesma maneira, embora houvesse ciências matemáticas ao longo de todo o período medieval, reconhece-se em geral que o período da revolução científica assistiu a uma mudança drástica nas concepções da análise matemática da natureza e na atitudes com relação a ela. Neste capítulo analisarei, um de cada vez, esses dois importantes componentes do método científico.

(I) A matematização da representação do mundo

A "matematização da natureza", que foi considerada um elemento importante da revolução científica, em geral era atribuída a uma formidável mudança no sistema metafísico que endossava todos os conceitos do mundo físico, introduzindo maneiras "platônicas" ou "pitagóricas" de ver o mundo em substituição à metafísica aristotélica da filosofia natural medieval. Trabalhos recentes mostraram que essa idéia era inadequada por várias razões e propuseram uma explicação alternativa para as mudanças de atitude com relação à matemática [107; 12; 238]. Em palavras simples, a revolução científica viu a substituição de uma atitude predominantemente instrumentalista para com a análise matemática por uma perspectiva mais realista. Os instrumentalistas acreditavam que as teorias derivadas da matemática eram propostas de maneira apenas hipotética, para facilitar cálculos e predições matemáticos. O realismo, em contraposição, insistia em que a análise matemática revelava como a coisas deveriam ser; se os cálculos funcionavam, devia ser porque a teoria proposta era verdadeira, ou muito aproximadamente verdadeira [107: 140].

O novo realismo pode ser visto em operação na astronomia de Nicolau Copérnico (1473-1543). A astronomia, uma das chamadas ciências "mistas", sempre consistira de uma parte matemática e uma física. Essencialmente, isso significava que o astrônomo tinha de conciliar as estruturas matemáticas putativas, que lhe forneciam os meios de calcular movimentos planetários e outros movimentos celestes, com as exigências da cosmologia e da física aristotélicas. Embora o grande sintetizador da astronomia matemática da Grécia antiga, Cláudio Ptolomeu (90-168 d.C.), tivesse sido um realista, seu sistema astronômico fora considerado cada vez mais, ao longo da Idade Média, um sistema hipotético que, embora fornecendo uma base para o cálculo, era incompatível com o sistema aristotélico. O resultado foi uma separação das partes matemática e física da astronomia [238].

Enquanto a cosmologia de Aristóteles era um encaixe homocêntrico preciso de esferas celestes em que só movimentos circulares uniformes podiam ter lugar, a astronomia matemática ptolomaica tinha planetas que se moviam num epiciclo, cujo centro inscreve um círculo (o deferente) no centro da esfera planetária, de modo a explicar parcialmente variações na velocidade e no brilho do planeta e o movimento retrógrado* deste (período em que o planeta se move na direção oposta à de seu progresso usual). Apesar desses estratagemas, não era possível chegar ao ajuste exigido com as observações a não ser supondo-se também que o epiciclo se movia com movimento uniforme apenas com relação a um ponto excêntrico, não com relação ao centro do deferente, ou com relação à Terra. Embora tais movimentos uniformes em torno do que era chamado o ponto "equante" pudessem ser facilmente definidos em termos matemáticos, não estava claro em absoluto que tipo de mecanismo poderia explicá-los. De fato, era axiomático na física aristotélica que todos os movimentos celestes eram movimentos naturais, não-compelidos, e que a tendência natural dos corpos celestes era mover-se uniformemente, em círculos perfeitos [135; 43; 60; 168].

A astronomia ptolomaica via-se cercada também por dificuldades mais pragmáticas. A mais embaraçosamente flagrante, no final do

* O autor refere-se ao movimento aparente (visto da Terra) dos planetas. (N.R.)

século XV, era talvez sua incapacidade de fixar uma data para a Páscoa com precisão*. Copérnico empenhou-se em resolver esse e outros problemas práticos, mas foi muito além ao propor seu novo sistema de astronomia em que o Sol substituía a Terra como o corpo central à cuja volta os planetas, agora incluindo a Terra, giravam.

Houve uma tendência a ver Copérnico não como uma figura de fato revolucionária na história da ciência, mas antes como um pensador essencialmente conservador. Para Thomas Kuhn, por exemplo, Copérnico escreveu "mais a feitura de uma revolução que um texto revolucionário" [135: 135; ver também 32: 123-5]. Para os que gostam de redigir inventários, certamente é fácil dar a Copérnico uma feição conservadora. Ele guardou seu livro por cerca de trinta anos antes de se deixar convencer a publicá-lo. Fez poucas observações astronômicas (não foi nenhum defensor revolucionário do empirismo); não se pronunciou acerca da condição das esferas celestes (hesitava entre vê-las como esferas sólidas, cristalinas, em que os planetas estão incrustados, ou meros construtos geométricos [mas ver 238: 112-6]; continuou a acreditar numa esfera finita de astros fixos, embora sua teoria exigisse que ela fosse muito maior que antes [43: 99-0]. Além disso, recusou-se a empregar o ponto equante ptolomaico sob a alegação extremamente conservadora de que ele violava o antigo preceito de que os movimentos celestes devem ser uniformes e perfeitamente circulares, mas em outras circunstâncias usou as técnicas matemáticas ptolomaicas (excêntricos e epiciclos) e até mesmo epiciclos sobre epiciclos para resolver alguns problemas [60; 135]. Mais ainda, voltou-se para pensadores da Antigüidade em busca de precedentes para a teoria de uma Terra em movimento, encontrando-os em vários autores pitagóricos [135].

Apesar disso, como Robert S. Westman mostrou, Copérnico ainda deve ser considerado um inovador radical na astronomia e na formação de um novo papel para o astrônomo — um filósofo natural [238]. Pois, enquanto Andreas Osiander (1498-1552), um pastor luterano que acompanhou a impressão de *De revolutionibus*, incumbiu-se (sem permissão) de acrescentar um prefácio anônimo em que negava a capacidade do astrônomo de chegar a conclusões verdadeiras sobre a natureza real do céu, Copérnico deixou muito claro, em *seu próprio*

* A determinação da data da Páscoa, essencial na cultura medieval, está diretamente relacionada à determinação do início das estações e à elaboração do calendário. (N.R.)

Prefácio, que repudiava por completo a abordagem instrumentalista. Uma vez que seu sistema heliostático explicava todas as observações celestes com tanta precisão quanto o de Ptolomeu, eliminando ao mesmo tempo o componente anual inexplicado do movimento de cada planeta (que é obviamente uma transferência do movimento da Terra) e fornecendo um meio fácil e certo de precisar a ordem dos planetas (arbitrária em Ptolomeu) e as distâncias que os separam do Sol, Copérnico acreditava que seu sistema devia ser considerado fisicamente verdadeiro. Assim, Copérnico não só pôs a Terra em movimento contra todos os ensinamentos da física aristotélica, as Sagradas Escrituras e o senso comum, como o fez com base em fundamentos que a maioria de seus contemporâneos teria julgado ilegítimos. Por mais contrário que o movimento da Terra possa parecer à filosofia natural, Copérnico insistiu, ele deve ser verdadeiro *porque a matemática o exige*. Isso foi revolucionário.

A pergunta imediata a fazer é por que Copérnico teria dado um passo tão corajoso. É evidente que não podemos responder a essa pergunta referindo-nos a uma única causa, mas podemos apontar vários fatores determinantes que devem ser todos considerados em nossas conclusões. Questões técnicas não podem ser negligenciadas, mas tampouco são capazes de fornecer toda a resposta. Fosse qual fosse seu valor como astrônomo e matemático, Copérnico poderia ter se contentado em apresentar sua teoria hipoteticamente, como Osiander quis mostrá-la. Parece claro que Copérnico deveria ser visto como membro de uma tendência mais ampla entre os praticantes da matemática, e talvez de um punhado de humanistas simpatizantes, a elevar seu status intelectual e social [238; 12].

Os fatores que contribuíram para estimular essa tendência foram variados e complexos, mas incluem a recuperação de textos matemáticos da Grécia antiga por eruditos humanistas, que forneceram novos meios para a formulação de exigências quanto à unidade da matemática, sua utilidade e sua certeza como meio de estabelecer a verdade [12]. Houve também um sucessivo enfraquecimento da filosofia natural aristotélica dominante que incentivou visões alternativas não só de filósofos naturais (no âmbito das universidades) como também de praticantes da matemática, física e outros campos [12; 13; 64; 137], permitindo-lhes escapar das restrições impostas pelo sistema universitário, por exemplo, em que uma hierarquia estrita de disciplinas e subdisciplinas situava as ciências matemáticas mistas abaixo da física.

Mesmo assim, seria errado supor que Copérnico foi tão-somente impelido por tais mudanças. Ao insistir na verdade física de sua teoria quando seus fundamentos para tanto eram inteiramente matemáticos, ele estava contribuindo de maneira signìficativa para o triunfo final desse movimento ainda inseguro, não simplesmente tendo um desempenho notável em seu seio. Isso fica claro quando consideramos que a maioria dos astrônomos usava o sistema de Copérnico apenas como um meio para calcular posições planetárias. As pesquisas de Robert S. Westman o levaram a concluir que na Europa somente dez pensadores aceitaram a verdade física da teoria de Copérnico antes de 1600 [238: 136]. Curiosamente, apenas dois deles trabalharam a vida toda como acadêmicos dentro do sistema universitário, e ambos eram alemães luteranos influenciados por importantes reformas pedagógicas introduzidas pelo eminente teólogo luterano Philip Melanchthon (1497-1560) [238: 120-1].

A história subseqüente da matematização da representação do mundo mostra a recorrência do mesmo tema crucial. Os inovadores importantes estavam todos interessados no status epistemológico da matemática. Considere-se, por exemplo, o astrônomo dinamarquês Tycho Brahe (1546-1601), que pode ser considerado o melhor astrônomo observacional de sua época. Tycho, como Copérnico, estava livre das restrições da hierarquia disciplinar da universidade e, na condição de nobre, não tinha, ao contrário de Copérnico, a necessidade de obter patronato e apoio. Rejeitando o movimento da Terra, desenvolveu para substituí-lo uma solução conciliatória entre Copérnico e Ptolomeu em que todos os planetas se moviam em círculos em torno do Sol, ao passo que este descrevia círculos em torno de uma Terra estacionária. Isto deixa bastante evidente que Tycho era um matemático realista, mas foi quando ele publicou os resultados de suas observações de uma estrela nova em 1573 (evidentemente o que hoje chamamos de supernova*) e de cometas em 1588 que seu trabalho gerou controvérsia entre filósofos naturais pela primeira vez [43: 137-46; 215]. A estrela nova causava problemas para o aristotelismo

* As estrelas não são objetos imutáveis; elas possuem uma história. Pode-se notar que estrelas com massa inferior a 1,4 e inferior a cinco vezes a massa do Sol morrem catastroficamente, produzindo uma explosão que, em algumas situações, pode ser vista claramente da Terra. Esse processo é o surgimento de uma supernova. Tycho Brahe observou o surgimento de uma supernova na constelação de Cassiopéia. (N.R.)

tradicional na medida em que se supunha que o céu era perfeito e não sujeito a mudanças. Esses problemas foram ampliados quando Tycho conseguiu demonstrar que os cometas, observados em 1577, 1580 e 1585, eram fenômenos superlunares, um cometa estando pelo menos seis vezes mais distante da Terra que a Lua. Anteriormente, de acordo com a doutrina aristotélica, cometas e meteoros eram considerados fenômenos atmosféricos (razão por que, aliás, até hoje usamos a palavra meteorologia para o estudo do clima), mas Tycho provou que não era assim. Avançando ainda mais no território da filosofia natural, ele mostrou que a trajetória de um cometa o conduzia pelo céu de tal modo que ele rompia necessariamente a doutrina das esferas cristalinas. Dali em diante os planetas teriam de voar independentemente pelo espaço. Isso teria profundas implicações. Uma coisa é conceber movimentos celestes em termos de esferas que giram em volta de seus eixos — movimentos que não envolvem nenhuma mudança de lugar (lembre-se: a "esfera de Marte", por exemplo, refere-se a uma esfera que envolve por completo o centro do sistema do mundo, o qual gira sobre um eixo carregando consigo o marcador visível, Marte); outra, muito diferente, é ter de considerar os planetas corpos independentes, que se movem efetivamente ao longo das vastas distâncias do espaço. Enquanto se podia dizer que é da natureza de uma esfera girar em torno de si mesma sem necessidade de uma força propulsora, os movimentos contínuos de planetas livremente móveis pareciam exigir algo mais em matéria de explicação.

Johannes Kepler (1571-1630), sem dúvida o maior astrônomo copernicano, estava tão preocupado com o direito do astrônomo de ser considerado um filósofo natural que fez disso o tema dominante de uma defesa formal de Tycho (numa disputa de prioridade) que fora obrigado a escrever para assegurar o patronato de Tycho [126]. Além disso, parece verdadeiro afirmar que Kepler jamais teria dado suas próprias contribuições à astronomia não fosse por seu realismo matemático e sua convicção de que o astrônomo deve também ser um filósofo natural. Em sua *Astronomia nova* de 1609 ele não só revelou que os planetas seguiam trajetórias elípticas em torno do Sol (que está situado em um dos focos da elipse) e que a velocidade do planeta variava continuamente, aumentando à medida que ele se aproximava do Sol, diminuindo quando se afastava, mas propôs também uma explicação física para esses movimentos. Na verdade, o título completo de sua obra indicava ser ela "baseada numa teoria de causas" para fornecer uma "física celeste" (*Astronomia nova aitiologetos, seu* *physica coelestis*). Inspirando-se em parte na filosofia magnética de William Gilbert (1540-1603) e em parte na tradição neoplatônica da metafísica da luz (intimamente ligada à tradição matemática da óptica geométrica), Kepler sugeriu que os planetas, entre os quais a Terra, deviam ter algo semelhante a um eixo magnético que os mantinha continuamente orientados do mesmo modo no espaço e que podiam produzir fases alternadas em que eram atraídos ou repelidos pelo Sol (se imaginarmos o Sol como um monopolo magnético). Kepler insistiu, no entanto, que o magnetismo devia ser visto apenas como um exemplo do tipo de força que poderia estar envolvido, e recorreu também à luz do Sol como um outro análogo do tipo de coisa que tinha em mente [134: 185-224]. Pesquisas recentes revelaram que Kepler acabou por se convencer da verdade das trajetórias elípticas porque elas admitiam esse tipo de explicação física. Ele conseguiu encontrar vários esquemas geométricos alternativos que seriam igualmente capazes de explicar as observações de Tycho, mas sua busca de causas físicas para explicar a geometria o levou ao que hoje conhecemos como suas duas primeiras leis do movimento planetário* [209; 71; 134; 41].

Um importante aspecto das mudanças nas teorias astronômicas de Copérnico a Kepler foi a crescente compreensão de que a divisão aristotélica rigorosa entre fenômenos sublunares e supralunares, ou celestes (segundo a qual, por exemplo, todos os movimentos naturais abaixo da esfera da Lua eram retilíneos, ao passo que os movimentos naturais no céu eram sempre circulares) deixara de ser defensável. Ao remover a Terra do centro do universo, Copérnico harmonizou as noções de "em cima" e "embaixo" que definiam essencialmente os movimentos naturais sublunares. Além disso, a dissolução das esferas celestes eliminou o mecanismo clássico para a explicação do movimento dos planetas (em geral atribuído a uma força propulsora transmitida por fricção de uma esfera cristalina para a seguinte [138]) e exigiu uma nova explicação. Esse desafio foi enfrentado não só por Kepler mas também por William Gilbert, Galileu [205], Giovanni Borelli (1608-79) [134], Isaac Beeckman (1588-1637), Descartes e muitos outros [2; 233], até que os *Princípios matemáticos da filosofia*

---

* A primeira lei de Kepler diz: os planetas giram em órbitas elípticas com o Sol em um dos focos. A segunda lei diz: os planetas varrem áreas iguais em tempos iguais, ou seja, quando estão próximos ao Sol, a velocidade orbital é maior do que quando se encontram mais distantes, de tal forma que, em um mesmo intervalo de tempo, o raio que une o planeta ao Sol define a mesma área. (N.R.)

natural de Newton ganharam aceitação geral como a solução correta [233; 236; 100].

Mas o novo uso da matemática para explicar, e não apenas descrever, os modos de funcionamento do mundo físico não ficou confinado aos assuntos celestes. Por força do crescimento do comércio, do início da colonização e do impulso concomitante à exploração, técnicas matemáticas práticas como a navegação, o levantamento topográfico e a cartografia passaram a ser vistas como muito mais importantes, atraindo o interesse de eminentes intelectuais e permitindo a alguns humildes praticantes elevar seu status social e intelectual [9; 10; 40]. A ciência matemática da mecânica (terrestre), que podia ser subdividida em estática, hidrostática e cinemática, também sofreu mudanças notáveis durante esse período. Para compreender essas mudanças devemos, mais uma vez, considerar desenvolvimentos técnicos juntamente com alterações importantes no papel social dos matemáticos. Inovações nas operações militares, em particular a inventiva resposta ao cerco por canhões, o bastião resistente à artilharia e vários projetos de engenharia civil como a recuperação de terras, construção de canais ou mesmo o simples levantamento topográfico para propósitos fiscais, foram vistos como causas importantes não só do status mais elevado dos matemáticos nos primeiros tempos da Europa moderna, mas também do maior interesse pela matemática demonstrado por membros da nobreza [12; 137; 131].

Mudanças na natureza e na estrutura das cortes reais numa Europa de Estados cada vez mais absolutistas também deram ao *mathematicus* oportunidades mais amplas de fazer sentir sua presença. O matemático que conseguia impressionar o príncipe com sua produção de *mirabilia*, máquinas ou cenários para espetáculos teatrais e outros aperfeiçoamentos da imagem do príncipe podia elevar-se acima daqueles envolvidos apenas na administração do Estado. Esses matemáticos, dada sua posição na corte, podiam facilmente desprezar a distinção hierárquica entre matemáticos e filósofos naturais existente no sistema universitário. Assim, Giambattista Benedetti (1530-90) pôde deixar seu posto de *mathematicus* na corte do duque Ottavio Farnese em Parma para se tornar filósofo do duque de Sabóia em Turim. Assim também, enquanto continuou sendo professor universitário, Galileu foi um *mathematicus* mal remunerado, mas quando negociou sua posição na corte de Cosimo de Medici, pôde pedir, e receber, o título de filósofo [12; 13; cf. 156].

As descobertas humanistas do Renascimento e a edição das obras de Arquimedes, Pappus, Héron de Alexandria e de uma série de questões mecânicas que foram erroneamente atribuídas a Aristóteles, também estimularam, ou tornaram possível, uma atitude mais ousada por parte dos que possuíam a perícia matemática necessária para dar um uso prático a essas obras. Cada vez mais, ao longo de século XVI, vemos matemáticos envolvidos com mecânica terrestre que não se satisfaziam em apresentar seu trabalho como meramente descritivo ou subserviente a uma filosofia natural aristotélica tradicional que parecia cada vez mais fraca. Na obra de homens como Simon Stevin (1548-1620) nos Países Baixos e Nicolo Tartaglia (1500-57) na Itália [55; 131; 47], a separação entre teoria e prática, imposta pelos professores universitários de filosofia natural, foi repetidamente declarada insustentável.

Evidentemente a maior figura nesse movimento é Galileu Galilei, cuja passagem de frustrado *mathematicus* no sistema universitário para filósofo natural na corte de Cosimo de Medici deve ser agora entendida como tendo sido compelida pela natureza de sua ambição científica e produzido, por sua vez, um efeito visível no conteúdo de sua obra científica [13]. Embora Galileu seja famoso sobretudo por sua defesa da teoria copernicana, seu interesse inicial voltava-se para a mecânica terrestre, em particular a cinemática. Como muitos de seus contemporâneos, estava insatisfeito com a explicação aristotélica do movimento e empenhou-se na busca de uma teoria melhor. No curso de sua carreira, sua explicação da queda livre, por exemplo, o fez passar de um mero refinamento da crença de Aristóteles de que os corpos caem em velocidades proporcionais a seu peso à compreensão de que a aceleração na queda livre é uma constante (num vácuo) para todos os corpos. Ele também foi capaz de provar a trajetória parabólica dos projéteis, admitindo, ao contrário de Aristóteles, que o movimento natural de um corpo (sua queda livre) ocorria independentemente dos movimentos forçados, não naturais, a que era submetido. Para Aristóteles um projétil viajava numa linha reta na direção em que era lançado, até que a causa de seu movimento artificial cessasse, e somente então passaria a viajar rumo à Terra numa linha reta descendente sob o movimento natural da queda. Mostrou-se que a trajetória parabólica de Galileu derivou de uma ação combinada desses dois movimentos (natural e artificial) [59; 204; 99: cap. 4]. A afirmação de que dois movimentos podiam ocorrer ao mesmo tempo também ajudou Galileu a responder a várias objeções à teoria copernicana.

Uma bola que se deixasse cair verticalmente de uma torre, ele insistiu, não cairia longe do oeste da torre, já que a Terra em rotação se moveria rumo ao oeste durante a descida da bola. A bola tombada permaneceria perto da torre porque já teria o mesmo componente de movimento circular que a própria torre e tudo mais sobre a Terra possuem.

Outra das teorias do movimento de Galileu foi desenvolvida na tentativa de explicar os movimentos da Terra em torno do Sol. Como um copernicano inveterado que desejava se demonstrar um filósofo natural, Galileu se propôs a explicar de que modo um corpo como a Terra, que pesa um número incalculável de toneladas, podia ser mantido em movimento perpétuo. Essa era uma grande dificuldade para a teoria copernicana. Segundo Aristóteles, tudo que se move é movido por alguma coisa. Então, o que é que faz a Terra girar? Kepler, como vimos, tentou derivar uma força motora por analogia com o magnetismo e a luz; Galileu simplesmente negou o pressuposto aristotélico de que o movimento requeria uma causa contínua. Numa passagem brilhante de seu *Diálogo sobre os dois maiores sistemas do mundo* (1632), Galileu afirmou que, enquanto num plano inclinado sem atritos uma bola sem irregularidades se acelerará continuamente à medida que se move pelo declive abaixo, num plano perfeitamente horizontal essa bola não tenderá nem a ganhar nem a perder velocidade. Portanto, uma vez posta em movimento num plano horizontal, a bola continuaria a rolar indefinidamente com a mesma velocidade. Mas um plano horizontal, nesse contexto, significa um plano cujas partes mantêm-se a igual distância do centro da Terra, o que poderia de fato ser uma esfera que, se aumentada, envolveria toda a Terra. Assim, Galileu pôde supor que, do mesmo modo como uma bola de bronze se moveria perpetuamente em torno da Terra num círculo perfeito, também a própria Terra poderia se mover perpetuamente em torno do Sol. É claro que este raciocínio seria solapado por completo por qualquer sugestão de que os planetas não se movem em círculos perfeitos e sim em elipses, nas quais eles de fato se aproximam e se afastam do Sol, não surpreendendo, portanto, que Galileu nunca pareça ter dado qualquer atenção séria às conclusões astronômicas de Kepler. Os *Dois maiores sistemas do mundo* a que se refere o título de seu grande livro eram o ptolomaico e o copernicano.

Galileu também excluiu o sistema conciliatório de Tycho, embora o mesmo fosse perfeitamente compatível com as várias descobertas astronômicas que ele próprio fizera anteriormente com o recém-inventado telescópio. Em seu *Siderius nuncius*, de 1610, Galileu apresentou provas que lhe permitiam afirmar que a Lua era exatamente como a Terra em composição (com montanhas, vales, mares etc.), e não um corpo qualitativamente diferente composto de um quinto elemento sobrenatural (ou quinta-essência) cujo movimento natural era mover-se num círculo. A implicação era clara: se a Lua podia se mover em torno da Terra, ainda que fosse feita de toneladas de terra e água, por que não podia a própria Terra mover-se em torno do Sol? O fenômeno da luz cinzenta, que ele viu iluminar debilmente o lado escuro da Lua, mostrava que a Terra não diferia dos planetas por sua carência de luz. As luas de Júpiter que ele descobriu sugeriam ser possível que cada planeta, não somente a Terra, tivesse sua(s) própria(s) lua(s) e fosse capaz de se mover pelo espaço sem as perder. E a descoberta de incontáveis estrelas invisíveis a olho nu deu crédito à sugestão pós-copernicana de que as estrelas fixas não estavam confinadas a uma esfera e sim espalhadas por todo o universo infinito. Essas descobertas, e posteriormente a das manchas solares, prejudicaram os preceitos aristotélicos de maneira irremediável, mas nem elas, nem a descoberta adicional de que Vênus mostrava fases, como a Lua, causaram qualquer dano ao sistema de Tycho.

Galileu foi, sem dúvida, um pensador versátil e criativo, mas as pesquisas mostraram a importância que os trabalhos de seus predecessores tiveram para ele, quer fossem seus contemporâneos mais velhos entre os *mathematici*, homens como Tartaglia ou Guidobaldo del Monte (1545-1607), pensadores medievais como os que desenvolveram as teorias do *impetus* para explicar o movimento dos projéteis, ou professores do Collegio Romano jesuíta [224]. Também se sabe que não havia nada de novo em seu *modus operandi*, que era essencialmente aquele dos outros *mathematici*, combinando análises matemáticas e pesquisas experimentais [205; cf. 10]. Não obstante, Galileu foi um convincente divulgador de suas próprias idéias e um magnífico veiculador de idéias técnicas. Suas obras mais relevantes, publicadas em italiano e não no latim dos eruditos, logo foram traduzidas para outras línguas européias. Talvez sua maior contribuição para o desenvolvimento da ciência tenha sido, como Gary Hatfield afirmou recentemente, sua exemplificação da utilidade e do sucesso da abordagem matemática à natureza [107: 139]. Em seus escritos, Galileu ensina repetidamente por meio de exemplos, mostrando como a prática matemática pode nos ajudar a compreender a natureza do mundo, mesmo naqueles casos em que a adequação entre a análise matemática e a realidade física é apenas aproximada, sendo a matemática baseada numa circunstância idealizada, irrealizável.

Outra importante contribuição para a matematização da filosofia natural foi dada pelos jesuítas com suas vigorosas atividades pedagógicas. A matemática desempenhava um papel importante no chamado *Ratio studiorum* (Ordem de estudos) que adotavam. Os jesuítas revelavam a importância que atribuíam à matemática ao ensiná-la juntamente com a física, ou a metafísica, seja no penúltimo ou no último ano de seu curso (e não como uma matéria preliminar, ensinada num nível muito baixo) [109: 101-14; 50; 138: cap. 2]. É difícil exagerar a relevância da pedagogia jesuíta, e a atitude em relação à matemática propagada em suas faculdades, embora fosse indubitavelmente uma expressão da tendência geral que estivemos descrevendo, não pode ter deixado de reforçar a importância da matemática para a compreensão do mundo nas mentes dos estudantes.

Pelo menos dois famosos alunos dos jesuítas deram suas próprias e influentes contribuições para a matematização da representação do mundo: Marin Mersenne (1588-1648) e René Descartes. Marin Mersenne tornou-se frade da Ordem dos Mínimos em 1611 e, com o incentivo de sua ordem, dedicou a vida ao trabalho intelectual em apoio à sua fé. Mersenne foi levado por suas crenças religiosas a negar o pressuposto fundamental do aristotelismo de que causas físicas podiam ser conhecidas com segurança. Isso equivalia a afirmar que a humanidade era capaz de penetrar a essência de uma coisa e, portanto, era igual a Deus. Mersenne, contudo, não era cético. Via a matemática como o tipo mais verdadeiro de conhecimento, a única forma de conhecimento humano que podia aspirar a ser igual ao conhecimento divino [47]. Mersenne desempenhou ativo papel na difusão de suas idéias e das de outros matemáticos, porém foi ainda mais ativo no cultivo e manutenção de uma ampla correspondência com intelectuais de destaque por toda a Europa. Como não podia deixar de ser, procurava pessoas de pensamento semelhante ao seu e atuava como importante fonte de informação junto a cada uma delas, comunicando trabalhos em andamento às partes interessadas. Ao fazê-lo, é claro, dificilmente podia deixar de comunicar seus próprios ideais e sua crença fundamental na importância da matemática para a filosofia.

Em nossos dias, Descartes é conhecido sobretudo como filósofo, mas no estágio inicial de sua carreira ele foi um matemático, trabalhando com música, óptica e mecânica. Na verdade, seu famoso *Discurso do método* de 1637 (em que propôs aquele que é o mais famoso de todos os argumentos filosóficos, *Cogito, ergo sum* — Penso, logo existo) foi publicado como o prefácio de três exercícios em física matemática (sobre a lei do seno da refração, a causa do arco-íris e sobre o modo de representar problemas algébricos abstratos em termos espaciais ou geométricos) que pretendiam exemplificar o poder e a exatidão desse método [88; 89; 207; 83]. O método de Descartes o conduziu a uma nova metafísica, que forneceu a base para um novo sistema da física, a qual, por sua vez-se tornou a mais influente das novas filosofias "mecânicas" (ver Capítulo 4). Seu sistema final, embora fizesse menos uso da matemática, sendo muito mais especulativo e qualitativo, foi sem dúvida desenvolvido a partir do empenho inicial em conhecer o mundo físico em termos matemáticos.

O elenco de personalidades que desempenhou um papel importante na matematização da filosofia natural poderia ser facilmente ampliado. Galileu de fato fundou uma escola de seguidores que levaram adiante seu trabalho em física matemática; homens como Bonaventura Cavalieri (1598-1647), Evangelista Torricelli (1608-47) e Borelli [194]. Os Países Baixos forneceram solo fértil para a matemática superior [36]. Isaac Beeckman deixou um exemplo notável de como usar a matemática na filosofia natural. Embora não tenha publicado nada, sua obra chegou ao conhecimento de outros por intermédio de Mersenne, ou por conhecimento pessoal. Ele foi uma influência inicial particularmente importante para Descartes [89]. A física matemática atingiu seu ápice nos Países Baixos com Christiaan Huygens (1629-95), que é apresentado com demasiada freqüência como importante precursor de Isaac Newton (porque seu desenvolvimento do conceito de força centrífuga deixou claro que o movimento numa trajetória curva, como a dos planetas, exige a ação constante de uma força, abrindo assim caminho para a afirmação newtoniana da inércia retilínea e a rejeição de idéias persistentes, derivadas em última análise de Galileu, de que o movimento num círculo também pode continuar indefinidamente). Mas Huygens pode ser visto, de maneira menos whiggista, como aquele que primeiro adaptou e refinou a filosofia mecanicista de Descartes que lhe parecera carente de fundamentos tanto matemáticos quanto metodológicos, e aquele que desenvolveu posteriormente uma filosofia mecanicista em oposição ao que considerava a filosofia não-mecânica de Newton [244; 233].

Os *Princípios matemáticos de filosofia natural* (1687) de Isaac Newton podem ser vistos como o ponto culminante da matematização da representação do mundo. Obra famosa sobretudo por estabelecer que os planetas continuam girando em torno do Sol em conseqüência da mesma força que faz uma maçã cair no chão, o *Principia mathematica* fez muito mais além disso. Demonstrou matematicamente a verdade das leis de Kepler sobre o movimento planetário e iniciou a teoria lunar e cometária moderna. Mostrou a utilidade da matemática para uma compreensão dos reinos tanto celeste quanto terreno e, por fim, refutou a distinção aristotélica entre física sublunar e superlunar. As leis do movimento de Newton suplantaram as de Descartes e formaram a base de uma compreensão completa do comportamento de corpos em colisão (incluindo as colisões oblíquas, que haviam derrotado Descartes por completo). Newton foi capaz de lidar com pleno êxito com a questão da força centrífuga e de dar os primeiros passos rumo à compreensão dos movimentos dos corpos em fluidos resistentes. Este último esforço lhe permitiu desenvolver uma teoria da acústica em que a velocidade do som variava com a pressão e a densidade do meio através do qual ele passava. Em um desenvolvimento de importância crucial para a filosofia mecânica, que ele e a maioria de seus contemporâneos endossavam, demonstrou matematicamente como efeitos macroscópicos observáveis podiam ser explicados em termos de fenômenos microscópicos [79; 100; 233; 236].

A publicação dos *Principia* de Newton assinala a conclusão da tendência à matematização da filosofia natural iniciada no século XVI. Mas talvez seja verdade que fazemos esse juízo sobre os *Principia* porque Newton, ao contrário de Galileu ou de Descartes, pôde dispor de uma matemática e de uma física substancialmente corretas. O próprio Newton não precisou justificar a abordagem matemática; pôde supor com segurança que havia um público para seu livro que, mesmo que não conseguisse acompanhar sua matemática, não duvidava da validade da mesma para a compreensão do funcionamento do mundo [80]. Embora seu livro tenha enfrentado algumas críticas violentas, não se levantou um murmúrio sequer contra ele sob esse aspecto. A batalha já havia sido ganha, e, em certo sentido, a história já se completara antes que Newton pisasse no palco. Certamente, no final do século XVII, o matemático era visto não como um mero subordinado do filósofo natural, mas como um membro da elite intelectual.

Esse fato é notavelmente ilustrado pela má acolhida dada à afirmação de Robert Hooke (1635-1703) de que Newton tomara dele o principal princípio da mecânica celeste. Sem dúvida é verdade que, numa troca de cartas em 1679, Hooke disse a Newton ser capaz de explicar as leis de Kepler para o movimento planetário mediante a suposição de uma única força atrativa rumo ao Sol que operava no planeta em movimento tangencial. Chegou até a indicar que se deve considerar que a força varia inversamente ao quadrado da distância entre o Sol e o planeta. Sabe-se também que antes desse intercâmbio Newton tentava descrever movimentos celestes, de maneira tipicamente cartesiana, em termos de um equilíbrio entre duas forças: uma força centrífuga causada pela revolução em torno do centro e a força centrípeta da gravidade. Newton adotou os pressupostos de Hooke nos *Principia* [236: 382-8], mas quando este pediu algum reconhecimento de que lhe fornecera essa idéia, Newton se opôs veementemente à noção implícita de que os matemáticos "não passam de calculadores improdutivos e burros de carga" a serviço do homem de idéias. Hooke encontrou um ou dois defensores em seu círculo de amigos, mas a maioria naquele momento, e todos depois, parecem ter descartado sua idéia como trivial se comparada à elaboração por Newton da matemática precisa envolvida. "A descoberta foi de Newton", insistiu o historiador R.S. Westfall, "e nenhuma pessoa informada questiona isso seriamente" [236: 448-52]. A mensagem parece clara: o verdadeiro filósofo natural é também um matemático. No tratamento dado a Hooke, portanto, vemos um exemplo precoce do tipo de atitude reverente em relação aos físicos matemáticos que ainda hoje vigora. Esse é em si mesmo um legado importante desse aspecto da revolução científica.

Nosso objetivo aqui é simplesmente explicar a revolução científica, e vimos como a ascensão da abordagem matemática na busca de compreensão do mundo natural desde o século XVI até o final do século XVII distingue esse período do que se passou anteriormente, resultando em algumas mudanças espantosas na conceituação da física. Isto não é em absoluto, contudo, uma história adequada dos primórdios da moderna ciência física, muito menos da matemática. Há vários elementos importantes que mal mencionamos. Teria sido possível contar uma história similar concentrando-se mais no desenvolvimento da óptica geométrica [177; 183] ou até em teorias da música e da harmonia (um interesse, em maior ou menor grau, de Galileu, Kepler, Beeckman, Descartes, Mersenne, Hooke, Huygens e Newton, bem como de outros que não discutimos) [34; 30; 58: cap. 2; 59: cap. 1; 210). E há muitos nomes que poderíamos ter citado: de Gemma Frisius (1508-55) a Blaise Pascal (1623-62), de Egnazio Danti (1536-86) a Pierre de Fermat (1601-65), de Roberval (1602-75) a Leibniz (1646-1716). Ignoramos numerosos tópicos: o princípio de conservação de um vetor, a conservação do *momentum*, a matemática dos indivisíveis e o desenvolvimento do cálculo. Cada um destes, pessoas ou tópicos, e muito mais, contribuíram de maneira importante para a revolução científica, e um estudo detalhado de qualquer um deles forneceria maior corroboração não apenas para o papel da matematização da natureza na revolução científica, como para a importância do contexto social na compreensão desse processo.

(II) O MÉTODO EXPERIMENTAL

A ascensão da matemática acompanhou a ascensão dos matemáticos: a abordagem matemática à compreensão da natureza tornou-se mais persuasiva à medida que o matemático tornou-se mais digno de crédito. O matemático começou a adquirir o crédito cognitivo previamente reservado ao filósofo natural. Um dos modos como os matemáticos adquiriram esse novo crédito foi a afirmação da certeza do conhecimento matemático [127; 12]. Essas afirmações, porém, eram facilmente contestadas, em particular se a matemática estivesse sendo usada para declarar algo implausível, como, digamos, o movimento da Terra. Afinal de contas, a matemática era um sistema artificialmente construído, e a certeza de suas afirmações era condicional: se você aceita certos axiomas e outros preceitos, então tem de aceitar as várias conclusões que se seguem de maneira demonstrável. Mas por que deveriam os axiomas e outros preliminares estar relacionados de alguma forma com o mundo físico? Por exemplo, como pode a sugestão de que uma quantidade negativa multiplicada por outra quantidade negativa fornece sempre uma quantidade positiva ter alguma relevância para o modo como as coisas realmente são?

Além disso, na tradição escolástico-aristotélica dominante, as afirmações confiáveis da filosofia natural eram baseadas em verdades da experiência consideradas evidentes, inegáveis. As afirmações matemáticas, no entanto, têm uma óbvia tendência a serem tudo, menos evidentes. Sabe-se que Thomas Hobbes (1588-1679) ficou fascinado pela geometria euclidiana ao ver um dos teoremas de Euclides pela primeira vez e se impressionar não com sua verdade óbvia, mas com sua aparente impossibilidade. Para poder estabelecer a validade de sua abordagem a uma compreensão do mundo, os matemáticos tiveram de estabelecer novos critérios de concordância, novos princípios de justificação [50].

Assim, os praticantes da matemática* passaram a dar importantes contribuições para a nova tendência ao experimentalismo, pois um dos traços característicos da revolução científica é a substituição da "experiência" evidente por si mesma que formava a base da filosofia natural escolástica por uma noção de conhecimento demonstrado por experimentos especificamente concebidos para esse propósito. Como uma prova matemática, o resultado final do experimento poderia perfeitamente ser conhecimento contra-intuitivo.

Infelizmente, a natureza precisa do papel das ciências matemáticas na formulação do método experimental ainda não foi elucidada pela pesquisa histórica, embora haja vários estudos extremamente sugestivos [9; 10; 50; 59; 138; 205]. Parece bastante claro, no entanto, que os praticantes da matemática desempenharam um papel importante no estabelecimento do método experimental.

Uma maneira de entender a conexão entre a matemática e o experimentalismo é pela história dos instrumentos científicos. Antes da revolução científica, os únicos instrumentos em uso eram esferas armilares, astrolábios, quadrantes e mais um ou dois instrumentos usados exclusivamente por astrônomos. Nos séculos XVI e XVII, contudo, uma série muito maior de instrumentos matemáticos entrou em uso para facilitar a resolução de problemas em todos os ramos da disciplina matemática. Mas esse mesmo período viu também o desenvolvimento dos primeiros instrumentos da filosofia natural; isto é, instrumentos destinados a descobrir novas verdades sobre a natureza do mundo. Entre eles, os principais foram o telescópio e o microscópio, o barômetro e a bomba de ar, o termômetro e, mais tarde, várias máquinas elétricas [219; 9; 104]. Sem dúvida é significativo que o telescópio, um novo invento usado comercialmente, tenha se tornado pela primeira vez um instrumento de filosofia natural nas mãos de Galileu, um praticante da matemática que nutria uma apaixonada ambição de ser reconhecido como filósofo natural. O telescópio galileano pode ser visto como uma extensão daqueles instrumentos astronômicos anteriores que permitiram a Tycho Brahe estabelecer que a estrela nova *era* uma estrela nova e que os planetas também eram

---

* O autor usa o termo "praticantes da matemática" para evidenciar que categorias como matemático, físico, cientista etc. são recentes na história da ciência. Na presente tradução adotamos indiferentemente os vários termos, sempre tendo em mente os limites históricos. (N.R.)

fenômenos celestes, não atmosféricos. O telescópio tornou-se um instrumento científico à medida que se integrou aos propósitos dos astrônomos, e ao fazê-lo tornou mais fácil para os astrônomos passarem a ser filósofos naturais, pronunciando-se acerca da natureza real do céu [220]. É razoável admitir, portanto, que foi a tradição matemática que forneceu o primeiro estímulo para o uso de instrumentos na pesquisa científica. Como sugeriu J.A. Bennett, parece haver uma clara progressão do instrumento matemático como a marca registrada do matemático para o instrumento científico como a característica distintiva do cientista moderno [9; cf. 220].

As ciências matemáticas sempre se dedicaram ao conhecimento prático, útil, e os praticantes em geral tinham orientação empirista, testando a aplicação de suas técnicas matemáticas ao mundo real. Talvez seja nas tentativas de usar a descoberta da variação magnética como meio de determinar em que longitude se está no mar que isso possa ser visto com maior clareza. A posição de um navio ao norte ou ao sul do equador era facilmente determinável tendo por referência o Sol ou as estrelas, mas a determinação de sua posição a leste ou a oeste de um dado ponto de referência resistira a todos os esforços. Quando se percebeu que a agulha de uma bússola se orienta não para o pólo norte geográfico mas para um ponto fixo (que mais tarde se descobriu variar em posição) a alguma distância do pólo, isso pareceu fornecer uma possível solução para o problema. Em todos esses esforços foi necessário confrontar cálculos com as observações de marinheiros e, em vários casos significativos, estudos empíricos de magnetos e de seu comportamento também desempenharam importante papel nas investigações [9; 245; 225]. Parece que os praticantes matemáticos empreendiam esse tipo de prova empírica de seu trabalho quase rotineiramente. Em vista disto, parece muito provável que a tradição matemática deva ser encarada, como Bennett insistiu, como uma fonte importante do método experimental na ciência do século XVII.

Se a expansão da exploração além-mar, do comércio e da colonização no Renascimento exigiram aperfeiçoamentos na navegação e em outro aspectos matemáticos da geografia, essa não foi a única esfera em que artesãos habilidosos puderam dar contribuições de que intelectuais com formação universitária não eram capazes. A maior importância da mineração e da metalurgia na economia européia do século XVI gerou um crescente interesse por tais matérias entre homens de nível intelectual mais elevado. Esse interesse se evidencia em dois livros influentes, *De la pirotechnia* (1540), de Vanoccio Biringuccio (1480-*c.*1539) e *De re metallica* (1555), de Georg Agricola. Essas obras ilustravam claramente a relevância do conhecimento artesanal para uma compreensão da natureza do mundo e reforçavam os ensinamentos de pedagogos humanistas, como Juan Luis Vives (1492-1540), que defendiam o estudo dos segredos das artes e ofícios. Elas enfatizavam também a importância da experiência na fundação do conhecimento. A crescente consciência do conhecimento mais prático dos artesãos de elite foi considerada um fator importante no desenvolvimento do método experimental. Bernard Palissy (1510-90), um oleiro muito admirado que tentou descobrir por si mesmo, por ensaio e erro, o segredo dos utensílios de ferro esmaltado chineses, ministrou palestras públicas em Paris sobre agricultura, mineralogia e geologia e publicou *Discours admirables* (1580), diálogos em que a superioridade da "prática" era exaltada em detrimento da limitada "teoria" [180].

A tradição matemática não foi a única fonte histórica de uma abordagem experimental à compreensão da natureza. Houve também vários desenvolvimentos expressivos em anatomia e fisiologia. Na Universidade de Pádua, por exemplo, houve uma ruptura revolucionária com métodos anteriores de ensino da anatomia nas escolas de medicina com a designação, em 1537, de André Vesálio (1514-64), um sábio de formação humanista que também era um dissector muito hábil [76; 162]. Vesálio ensinava anatomia enquanto fazia suas dissecações (o mais usual era que o professor lesse uma autoridade antiga, Galeno, enquanto um cirurgião fazia a dissecação), e provou-se imensamente estimado entre os estudantes de medicina. Além disso, seu excelente livro, *De humani corporis fabrica*, de 1543, era ao mesmo tempo um manual de anatomia e um manual prático magnificamente ilustrado sobre como dissecar. Vesálio ainda teve o cuidado de acrescentar um prefácio em que deplorava a separação entre a cirurgia (na época uma tradição artesanal) e a medicina. Em conseqüência, a anatomia vesaliana veio a ser considerada, pelo menos por alguns, "o fundamento de toda a medicina", e por algum tempo ameaçou substituir a filosofia natural em sua posição de centro da educação médica [226; 22].

Consta que Vesálio teria descoberto duzentos erros nos escritos anatômicos de Galeno, e o mais importante deles, sua descoberta de que a parede que separa os ventrículos direito e esquerdo no interior do coração não era perfurada, ameaçou toda a fisiologia galênica [162]. Embora o próprio Vesálio não tenha ido além disso em seus estudos do coração, seus sucessores em Pádua fizeram algumas descobertas pertinentes. Realdus Columbus (1510-59) propôs a teoria da circulação pulmonar (segundo a qual o sangue passava do ventrículo direito do coração para o esquerdo atravessando os pulmões, e não se filtrando por supostas perfurações na parede muscular que os separa), enquanto Hieronymus Fabricius (1533-1619) descobriu nas veias maiores das pernas válvulas que, como William Harvey (1578-1657) compreendeu mais tarde, permitiam que o sangue fluísse somente rumo ao coração.

Harvey esteve em Pádua de 1600 a 1602 e foi instruído por Fabricius no que Andrew Cunningham chamou de o "projeto Aristóteles" — um esforço conjugado para adquirir um verdadeiro conhecimento causal das partes, ou órgãos, dos animais e de sua geração, e assim elevar o interesse pelas coisas vivas da condição de história natural (descritiva) à de filosofia natural (prescritiva) [44; cf. 77]. Em seu retorno à Inglaterra, levou adiante essa tradição paduana mediante o estudo da geração de animais e do movimento do coração e do sangue. A pesquisa nesta última matéria levou-o à descoberta da circulação sangüínea. Em seu *De moto cordis et sanguinis* (1628), Harvey não somente concebeu algumas técnicas experimentais engenhosas porém simples, como também lançou mão do conhecimento artesanal de açougueiros e magarefes (foi capaz de explicar por que eles cortam uma artéria para escoar todo o sangue do corpo e por que, quando isso não é feito, as artérias estarão vazias após a morte mas as veias estarão cheias de sangue).

Pesquisas cuidadosas nos permitem ver agora que Harvey não estava "à frente de seu tempo", um pensador moderno em roupagem do século XVII. Enquanto a maioria dos anatomistas da época restringia seu estudo ao homem, o "projeto Aristóteles" de Pádua era mais amplo, buscando compreender a forma e a função de partes dos sistemas animais de maneira mais geral. Em conseqüência, Harvey investigou os movimentos do coração e do sangue em outros animais além do homem. Em decorrência disso, pôde efetuar experimentos de vivissecção — algo jamais cogitado pela maioria dos anatomistas. Muitas das descobertas de Harvey foram feitas porque ele realizava experiências como um aristotélico de Pádua. Além disso, por força de seu vitalismo, seu modo de pensar era muito diferente do de um biólogo moderno [45]. Ele estava convencido de que o sangue continha algum princípio "que corresponde ao elemento dos astros" e que seria o princípio da vida e da alma dentro dele [165; 101]. Além disso, embora durante sua carreira tenha mudado de idéia quanto a ser o coração ou o próprio sangue a sede original da vida, nunca duvidou de que o sistema coração-sangue era auto-suficiente e não necessitava de nenhum outro princípio, como o ar vindo dos pulmões, para restaurá-lo.

Pode-se ver como um sinal seguro da confiabilidade das demonstrações experimentais de Harvey o fato de sua teoria ter sido aceita por outros com notável rapidez (embora ela tenha encontrado, é claro, vigorosa oposição por parte de alguns grupos [240; 77]). Isso é ainda mais notável dado o fato de que ela minava por completo a fisiologia galênica sem propor nenhum novo sistema para substituí-la. Seria de esperar que a descoberta de Harvey acarretasse um colapso do sistema galênico de terapêutica, que era tão intimamente ligado à fisiologia, mas isso não aconteceu. O sistema galênico de terapêutica, em razão de seu sucesso prático no tratamento das doenças (é preciso ter em mente que ele vinha proporcionando uma boa vida aos clínicos há séculos), permaneceu notavelmente intocado pelas inovações de Harvey, embora durante um curto período, na década de 1660, tenham sido realizados em Londres e Paris alguns experimentos perigosos com transfusão de sangue e injeções [75].

No entanto, a fisiologia tornou-se o foco de importantes investigações experimentais. Os papéis dos pulmões e da respiração, do fígado e do sistema nervoso, que Harvey deixara inexplicados, foram apenas alguns dos principais focos de pesquisa. Talvez o programa harveyano de pesquisa experimental tenha sido mais rico na Inglaterra, florescendo do final da década de 1630 até meados da década de 1670 e envolvendo figuras influentes como George Ent (1604-89), Nathaniel Highmore (1613-85), Thomas Willis (1621-75), Christopher Wren (1632-1723), Robert Hooke, Robert Boyle e Richard Lower (1631-91) [75]. Mas sua influência se estendeu ao continente, moldando a pesquisa e o ensino experimental subseqüentes nas escolas de medicina [77].

Também na história natural ocorreram desenvolvimentos revolucionários. Humanistas do Renascimento como Otto Brunfels (*c.*1489-1534), Leonard Fuchs (1501-66) e Gaspard Bauhin (1541-1613) empenharam-se em ampliar os levantamentos enciclopédicos dos mundos das plantas e dos animais da Antigüidade, fornecidos por Aristóteles, Teofrasto, Plínio e Dioscórides de modo a levar em conta espécies do norte da Europa, ou das Américas, desconhecidas dos antigos. A dificuldade de reconhecer as descrições antigas conferia grande importância à identificação precisa, e a máquina impressora mostrou-se de extrema utilidade ao ilustrar os novos catálogos. A importância desses novos textos uniformemente ilustrados não pode ser exagerada; eles representavam um imenso aperfeiçoamento em relação aos herbários e bestiários manuscritos da Idade Média, em que as ilustrações, quando existiam, eram pouco realistas, seja porque eram copiadas (com freqüência de modo muito tosco) de uma versão anterior por um homem habilitado como escriba, não como desenhista, ou porque sua função não era retratar a realidade, mas o papel simbólico da criatura no folclore (assim, pelicanos eram mostrados ferindo deliberadamente o peito para alimentar os filhotes com o próprio sangue). A busca pelo realismo em ilustrações feitas por artesãos competentes e que, ao contrário das ilustrações decorativas mais formalizadas dos trabalhos anteriores, suscitava a comparação com espécimes reais, reforçava a mensagem explícita dos textos de que a experiência pessoal era um guia mais confiável que a autoridade, além da mensagem implícita de que artesãos competentes tinham algo a oferecer na busca de uma compreensão do mundo real [6; 53; 72; 208].

Se passou a haver maior realismo nas ilustrações, houve um aumento correspondente no que poderíamos chamar de naturalismo dos textos. As grandes enciclopédias de história natural do Renascimento, em especial a *Historia naturalium* (1551-8) de Conrad Gesner (1516-65), em quatro volumes, e os treze volumes sobre diferentes tipos de animais publicados por Ulisse Aldrovandi (1522-1605), tratavam não apenas de fatos comuns sobre os hábitos e a natureza dos animais que discutiam, mas dos significados simbólicos que os mesmos possuíam para os antigos ou para diferentes povos da época. Assim sendo, essas histórias naturais incluíam no verbete relativo a certo animal todos os adágios, provérbios, fábulas, relatos bíblicos e outros folclores sobre o animal. Ao que parecia, para historiadores naturais como Gesner e Aldrovandi, tais informações eram relevantes para uma compreensão do próprio animal, sua natureza e importância. Subjacente a essa crença havia a convicção de que todas as criaturas tinham miríades de significados e incontáveis conexões com outras coisas, fossem elas outros animais, plantas, minerais, corpos celestes, números ou até artefatos manufaturados pelo homem, como moedas ou amuletos. Somente pela listagem de tudo que era conhecido ou dito sobre o animal todas essas supostas conexões poderiam ser reveladas. Mas esse tipo grandioso de história natural, que parece ter claras ligações com a visão mágica do mundo tradicional segundo a qual todas as coisas estão conectadas numa Grande Cadeia do Ser, possuindo correspondências com outros elos da cadeia, deu lugar no século XVII a um tipo inteiramente naturalista de história natural. Frente a animais e plantas do novo mundo, que não tinham quaisquer associações ou similitudes para a cultura do velho mundo, nenhuma significação simbólica de qualquer tipo, os historiadores naturais produziram enciclopédias que apresentavam todas as criaturas, tanto do novo mundo quanto do velho, em termos mais factuais. Não há dúvida de que os usos culinários e medicinais das plantas e dos animais ainda podiam figurar como parte da história natural que faziam, mas não o seu uso na doutrinação moral [8; 72].

A motivação social que ocasionou essa mudança no trabalho em história natural foi essencialmente dupla. Em primeiro lugar ela pode ser vista como uma extensão das preocupações humanistas do Renascimento com a superioridade moral da *vita activa* em relação à vida contemplativa, abarcando tanto disciplinas úteis para o Estado, como a ética, o direito, a política e a retórica, quanto um conhecimento útil, pragmático da natureza. Mostrava-se nessas obras que o conhecimento da história natural era útil no comércio, na agricultura, na culinária, na medicina e em várias outras áreas que serviam ao bem público tanto quanto a filosofia moral do humanismo cívico [37; 72; 212; 175]. Um aspecto importante da obra do principal propagandista do experimentalismo, Francis Bacon (1561-1626), foi ter codificado e formalizado as bases da autoridade filosófica da história natural, elevando a lógica indutiva acima da dedutiva em seu *New Organon* (1620) — proposta para substituir a lógica do *Organon* de Aristóteles. O resultado foi que naturalistas como John Ray (1627-1705) puderam ver seu trabalho como uma contribuição para "uma filosofia solidamente construída sobre uma base de experimento" (1690) [175].

Em segundo lugar, a história natural era vista como um meio de exibir as maravilhosas sabedoria, arte e benevolência do Criador. Desse ponto de vista, a história natural podia ir muito além das preocupações antropocêntricas da *vita activa* e considerar criaturas que pareciam não ter nenhum valor medicinal, culinário ou comercial [6: 16; 53]. O resultado dessa ênfase religiosa foi que botânicos e zoólogos puderam reivindicar um crédito intelectual maior que aquele geralmente conferido à disciplina meramente descritiva da história natural. O historiador natural lia o segundo livro de Deus, o livro da Criação, para suplementar a leitura das Escrituras pelos teólogos.

O impulso religioso em direção à história natural parece ter sido dominante nos novos estudos que usavam os microscópios simples ou compostos desenvolvidos a partir de cerca de 1625. Jan Swammerdam (1637-80), um notável microscopista e anatomista comparativo, que demonstrou por dissecação que as asas da futura borboleta estavam presentes na lagarta (refutando assim as crenças aristotélicas na amorfia dos insetos e em seu desenvolvimento por total metamorfose), acreditava que a anatomia de um piolho revelava "o Dedo Todo-poderoso de Deus" [37: 56]. Antoni van Leeuwenhoek (1632-1723), o descobridor dos protozoários e das bactérias, foi também impelido por preocupações físico-teológicas [167]. Era possível, contudo, usar o microscópio para questões mais pragmáticas. Enquanto Swammerdam escrevia *Ephemeri vita* (1675), um livro sobre a efemérida, e o revestia de evocações escatológicas, Marcello Malpighi (1628-94) optara anteriormente por escrever sobre o mais vendável bicho-da-seda, *Dissertatio de bombyce* (1669).

Malpighi empregou o microscópio de maneira particularmente profícua ao estudar a sutil estrutura dos traços anatômicos. Descobriu as conexões capilares entre as artérias e as veias, confirmando assim a teoria da circulação [1]. E no entanto, em 1692, dois anos antes de sua morte, seu colega Robert Hooke, outrora microscopista, declarou que apenas Leeuwenhoek continuava a fazer trabalhos sérios com o novo instrumento [241]. Pelo menos em parte, a razão por que o microscópio não se tornou tão essencial para os estudos anatômicos quanto o telescópio para os estudos astronômicos foi sua incapacidade de se impor entre os praticantes médicos. O poder do telescópio de dar maior precisão à astronomia posicional garantia sua utilidade, mas o conhecimento da estrutura invisível de órgãos em nada contribuía para melhorar a eficácia de um sistema médico baseado essencialmente no estudo e tratamento de sintomas de doenças. O microscópio podia sem dúvida ter sido usado por alguns por "diversão e passatempo", como Hooke sugeriu, mas para ter um impacto real precisava ser aceito por praticantes nas disciplinas relevantes. O que ocorreu, ao contrário, foi que clínicos eminentes, como Thomas Sydenham (1624-89) e John Locke (1632-1704) rejeitaram seu uso [242; 241].

Outra fonte importante do método experimental é encontrada na tradição química ou alquímica. A alquimia não se tornou experimental de repente na revolução científica — sempre fora uma atividade experimental. O que aconteceu na revolução científica foi que o experimentalismo alquímico começou a se fazer notar entre filósofos naturais, clínicos e outros intelectuais que já começavam a se familiarizar com os ensinamentos da experiência graças a desenvolvimentos nas ciências matemáticas, na história natural, na anatomia e na medicina.

A principal influência isolada foi o paracelsismo, uma filosofia que podia assumir muitas formas mas que sempre exaltava a utilidade da química prática para a medicina e para uma compreensão mais ampla do mundo natural (o macrocosmo) e do homem (o microcosmo). Fundado por um suíço itinerante autodidata que adotou o nome de Paracelso (*c.*1493-1541), essa filosofia química e novo sistema de medicina tornaram-se tão influentes que passou a ser impossível ignorá-los [178; 53]. Mas Paracelso não foi apenas um vigoroso divulgador do experimentalismo, seu sistema médico era genuinamente inovador e, embora dividisse as fileiras dos praticantes médicos, vários bons resultados terapêuticos pareciam apontá-lo como um expressivo aperfeiçoamento em relação à medicina tradicional, pelo menos em alguns aspectos. À medida que novos medicamentos quimicamente preparados foram tomando lugar ao lado de plantas medicinais nas farmacopéias oficiais de toda a Europa, a validade do empirismo foi parecendo cada vez mais irrefutável [51; 54; 229].

O paracelsismo conquistou muitos adeptos e alguns deles — como Gui de la Brosse (*fl.*1630), fundador do Jardin des Plantes em Paris; Thomas Muffet (1553-1604), o entomologista cuja filha é eternamente apavorada por uma aranha numa rima infantil; o clínico e filósofo da medicina, Peter Severinus (1540-1602) e Francis Bacon — desenvolveram suas próprias versões de sua filosofia química e se mostraram influentes por mérito próprio [178; 51; 176]. Mas talvez o maior de todos eles tenha sido Joan Baptista van Helmont (1579-1644), um nobre flamengo que faz jus a um rótulo próprio, helmontismo [166]. Historiadores da ciência anteriores tenderam a se prender aos aspectos quantitativos de algumas das experiências de Helmont (na mais famosa delas, ele pesou um vaso, terra e um salgueiro jovem antes e depois de cinco anos de rega, e concluiu que o maior peso da árvore — 74 quilos — era devido unicamente à água), ao mesmo tempo em que mostravam uma irritação whiggista com sua postura mágico-religiosa demasiado óbvia. Permanece o fato, no entanto, de que ele foi um pensador extremamente influente em seu próprio tempo como um dos principais representantes da nova abordagem experimental a uma compreensão do mundo. Exerceu, por exemplo, importante influência sobre Robert Boyle, o mais representativo dos filósofos experimentais [28].

Afirmou-se muitas vezes que a ascensão do método experimental estimulou diretamente a formação de grupos de colaboração que reuniram filósofos e práticos das várias ciências naturais em associações mais ou menos formais, como a Accademia del Cimento (fundada em 1657), a Royal Society de Londres (1660) ou a Académie Royale des Sciences (1666) de Paris [163; 16; 152; 118; 96]. O pressuposto subjacente a essas afirmações é que o método experimental exige esforço conjunto, e certamente essa exigência foi explicitada por Francis Bacon, cuja instituição científica ideal, conhecida como Casa de Salomão, descrita em seu utópico *New Atlantis* (obra inacabada, mas publicada postumamente em 1627), foi reconhecida como a inspiração por trás tanto da Royal Society quanto da Académie des Sciences [116; 96]. Além disso, as mais eminentes e bem-sucedidas dessas associações, a Royal Society e a Académie des Sciences, podem ser vistas como originárias de agrupamentos menos formais de pensadores de tendência experimental, como os grupos de Oxford e Londres que figuram na pré-história da Royal Society [116; 228], ou a Academia de Montmor e os subseqüentes encontros sob o patrocínio de Melchisédech Thévenot (1620-92) que tiveram papel proeminente entre as causas imediatas da decisão de Colbert de fundar a Académie [16; 163].

Pesquisas recentes sugerem que isso fornece apenas parte da explicação para o súbito aparecimento de sociedades científicas durante a revolução científica. James E. McClellan chamou atenção para o fato de que a formação de sociedades doutas parece ter sido uma característica importante do Renascimento do conhecimento em geral, indo muito além dos confins das ciências naturais para abarcar a filosofia, a literatura, a história e até a teologia. Parece que tais sociedades se desenvolveram como arenas para trabalhos avançados, inovadores. Em suma, eram proto-institutos de pesquisa, numa época em que as universidades eram apenas organizações de ensino [142].

Dado esse pano de fundo geral, não surpreende muito que as várias sociedades científicas tenham tido diferentes origens. É claro que a natureza específica do patrocínio que recebiam inevitavelmente moldava as sociedades e o tipo de trabalho que realizavam [212; 152; 141]. Várias das diferenças mais marcantes entre a Royal Society e a Académie, por exemplo, podem ser atribuídas ao fato de que a primeira era uma organização independente em termos econômicos de membros interessados, ao passo que a segunda era um grupo de elite cuidadosamente selecionado, cada membro recebendo um salário como servidor da Coroa [118; 116; 96]. A necessidade em que se via a Royal Society de recrutar novos associados contribuintes significava que a imagem de ciência cooperativa baconiana que ela projetava era necessariamente um tanto mais frouxa que a visão mais elitista da Académie. A Royal Society precisava insistir na validade das contribuições amadoras, a Académie era deliberadamente um corpo mais profissional [96; 116]. Permanece claro, contudo, que as sociedades científicas, a correspondência entusiástica de seus membros e suas publicações (como *Saggi di naturali esperienze*, da Accademia del Cimento, lançado uma única vez em 1667, ou as regulares *Philosophical Transactions of the Royal Society*, a partir de 1665) [163] fizeram muito para promover o novo método empírico de praticar a ciência e estabelecer verdades filosófico-naturais.

Até bem recentemente os historiadores aceitavam sem questionar as críticas com que alguns reformadores científicos desqualificavam as universidades de seu tempo. Mas agora o equilíbrio está sendo restabelecido. Certamente havia muita inércia no sistema universitário, os currículos oficiais demoravam a mudar, assim como os métodos de ensino, mas, apesar disso, amplos indícios sugerem que, pelo menos em certas universidades, a despeito do currículo, ensinavam-se as mais recentes idéias sobre o mundo natural e o método científico [86; 69]. A estrita observância de fronteiras disciplinares entre a matemática e a filosofia natural em certas universidades contribuiu claramente, como vimos, para a fria acolhida dada à teoria copernicana e para a decisão de Galileu de buscar patronato privado como filósofo natural em vez de continuar sendo um humilde professor numa universidade [238; 13]. Mas o status intelectual dos matemáticos elevou-se no âmbito da universidade exatamente como se elevou aos olhos dos nobres patronos. A importância da matemática era exaltada nas universidades alemãs em que as reformas pedagógicas de Melanchthon prevaleceram [238], o *Ratio studiorum* dos jesuítas também enaltecia a matemática [50; 109; 138], como o fizeram as reformas pedagógicas propostas pelo humanista Peter Ramus (1515-72), que foi influente nos Países Baixos [86]. Em geral, o maior reconhecimento da utilidade da matemática deu lugar a aperfeiçoamentos e a maiores oportunidades de lecioná-la em toda a Europa [191; 86; 69].

Até certo ponto, a abordagem experimental a uma compreensão do mundo físico sempre foi promovida nas faculdades de medicina. As universidades italianas, Montpellier na França e até a tradicionalíssima Faculdade de Medicina de Paris exigiam que seus alunos estudassem aspectos práticos da medicina passando por uma espécie de aprendizado junto a praticantes locais, enquanto empreendiam seus estudos mais teóricos na universidade. A partir do século XVI as escolas de medicina foram as primeiras a abrigar várias instalações essenciais para a promoção da ciência fundada na observação e empírica: anfiteatros de anatomia, jardins botânicos e, em alguns casos, laboratórios químicos. Ainda que a revolução da mecânica celeste e terrestre possa ter se produzido em grande parte fora das universidades, a revolução nas ciências da vida teve lugar quase que inteiramente num contexto universitário [191]. As faculdades de medicina tornaram-se os locais privilegiados para a propagação das últimas idéias em filosofia natural e para o acesso a instrumentos novos e extremamente caros como microscópios, telescópios e bombas de ar. O cartesianismo substituiu o aristotelismo em várias universidades dos Países Baixos, enquanto a filosofia química paracelsista e outras foram absorvidas nos currículos de algumas universidades alemãs [86; 156].

No entanto, se seria um erro menosprezar o papel das universidades na revolução científica, também é importante não exagerá-lo. É preciso ter em mente que, durante todo esse período, a função da universidade era ensinar. Os locais onde se fazia a nova pesquisa eram as academias da corte, a Royal Academy ou a residência particular de um indivíduo dedicado, fosse um abastado fidalgo como Tycho Brahe ou Robert Boyle, ou um perseguidor mais humilde do conhecimento, como Andreas Libavius (1560-1616) ou Antoni van Leeuwenhoek [86: 252; 72; 105; 197].

Parece razoável supor, portanto, que desenvolvimentos aproximadamente contemporâneos nas ciências matemáticas, na história natural, na fisiologia e anatomia, na química, e um desenvolvimento concomitante na instrumentação, tiveram todos um papel na promoção do empirismo nessa época. É claro também que uma maior consciência do poder do método experimental deu ensejo a novas interações entre homens de ciência, o que estimulou mais investigação empírica e, sucessivamente, deu lugar a uma formalização da associação em academias ou sociedades científicas. Todos esses desenvolvimentos foram estimulados por mudanças nas cortes principescas e nas universidades e as reforçaram, por sua vez. Um resultado genérico foi a radical alteração da crença na confiabilidade do conhecimento produzido pela experiência. Desse modo, o novo método experimental tornou-se um traço característico da revolução científica.

Mas isso é explicar a ascensão do experimentalismo como uma prática rotineira aceita na investigação da natureza, o que não é exatamente o mesmo que explicar a origem histórica do que poderíamos chamar de *o* método experimental. O que em geral se designa hoje por "método experimental" é um procedimento artificial efetuado num laboratório para testar uma hipótese muito específica dentro de uma estrutura teórica considerada confiável. Ele dependerá, provavelmente, do uso de um equipamento especial, em muitos casos projetado e feito para esse experimento específico. Será também concebido de modo a excluir, tanto quanto possível, todas as demais variáveis exceto a que está sendo testada. Será, pelo menos em princípio, infinitamente replicável, de tal modo que os resultados possam ser verificados inúmeras vezes, ou que o efeito possa ser demonstrado a novos espectadores. É precisamente esse "método experimental" que permite hoje aos cientistas reivindicar sua imensa autoridade cognitiva.

É evidente, no entanto, que de modo algum a totalidade dos cientistas pode incorporar esse método a seu trabalho (considerem-se aqueles que trabalham nas ciências classificatórias da botânica e da zoologia, por exemplo). Além disso, os sociólogos da ciência mostraram diversas vezes que cientistas que, em princípio, poderiam se adequar às demandas desse método, na prática não o fazem (ainda que retrospectivamente possam afirmar que o fizeram). Filósofos da ciência, ademais, com freqüência se viram forçados a reconhecer a impossibilidade de se traçar a demarcação entre ciência e não-ciência com base numa metodologia característica. Além disso, não é preciso muita pesquisa histórica para mostrar que falar de um método experimental único, facilmente caracterizado, é uma grande leviandade. O método experimental de Harvey não foi como o de Galileu, e nenhum dos dois se assemelhava ao defendido por Bacon, ou ao adotado por Robert Boyle. Sendo assim, como se explica que haja uma concepção tão forte de algo chamado *o* método experimental, concepção que presta tão excelente serviço retórico na promoção da autoridade intelectual da ciência? Alguns trabalhos recentes em história da ciência mostraram o quanto a pesquisa histórica pode ser valiosa na busca de uma resposta para essa questão, propiciando ao mesmo tempo uma compreensão mais precisa da emergência histórica do experimentalismo.

Em um estudo detalhado das tentativas de jesuítas como Christoph Clavius (1537-1612), Orazio Grassi (*c.*1590-1654) e outros de elevar o status da matemática, Peter Dear mostrou que as dificuldades iniciais surgiram do fato de que as asserções de conhecimento produzidas matematicamente não eram verdadeiras por si mesmas [50]. O ideal de ciência na tradição aristotélica baseava-se na forma dos silogismos lógicos, mas as premissas, os pontos de partida sobre os quais o raciocínio era fundado, tinham de ser verdades incontroversas, evidentes, que ninguém relutaria em aceitar. Isso era problemático no caso das ciências matemáticas. Na astronomia, por exemplo, havia verdades evidentes, como a de que o Sol nasce e se põe, mas as velocidades dos planetas, seus movimentos retrógrados e numerosos outros problemas só poderiam ser resolvidos por observações especializadas. Da mesma maneira, em óptica, muitos fenômenos só podiam ser evidenciados por meio de manipulações experimentais com equipamento especial. Para se dar às ciências matemáticas o status de filosofia natural aristotélica, era preciso que essas observações produzidas artificialmente viessem a parecer evidentes para um número maior de pessoas. Embora houvesse alguns casos de realização de experimentos em lugares públicos (como a queda de pesos do alto de torres de igreja), o meio mais eficaz de tornar os experimentos "públicos" era o desenvolvimento de novas maneiras de descrevê-los na literatura publicada. O modelo corrente de descrição fora tomado dos manuais de geometria. O leitor era instruído sobre como montar o cenário experimental e conduzir o experimento, e depois informado sobre o que resultaria. Tornou-se usual afirmar que aquele experimento fora previamente repetido várias vezes, e muitas vezes levado a cabo diante de várias testemunhas abalizadas, cujos nomes eram citados.

Dear retraçou a influência desses desenvolvimentos sobre o tipo característico de ciência experimental que se fazia no continente europeu, muito diferente da filosofia experimental tal como realizada na Inglaterra [48; 50: cap. 7]. Quando Blaise Pascal, por exemplo, descrevia um experimento, apresentava-o na forma de uma afirmação universal sobre o modo como as coisas acontecem. Se você fizer isto, isto e isto, então acontecerá isto. Robert Boyle, um luminar entre os filósofos experimentais ingleses, opunha-se frontalmente a tal coisa. Parecia-lhe um relatório do que deve acontecer, supondo-se que as suposições de Pascal eram corretas. Como Bacon, Boyle acreditava ser sempre possível montar um experimento que parecesse confirmar as idéias preconcebidas do experimentador. O método experimental que dominava na Inglaterra, promovido por Boyle e por um grupo preeminente da Royal Society, destinava-se meramente, assim eles afirmavam, a estabelecer matérias de fato. Por isso, afirmava-se que o método inglês era isento de quaisquer tendenciosidades introduzidas por idéias teóricas preconcebidas.

Foi no trabalho de Steven Shapin e Simon Schaffer que a ênfase retórica no que era "factual" na filosofia natural inglesa foi evidenciada com maior clareza [201]. Em seu importante estudo sobre os esforços de Boyle para estabelecer a filosofia experimental como um meio de determinar a verdade e sanar toda controvérsia na filosofia natural, Shapin e Schaffer mostraram como Boyle e pensadores de idéias semelhantes na Royal Society insistiam que em seus experimentos estavam exclusivamente interessados em estabelecer o que realmente existia, não em interpretar seus achados de acordo com uma dentre várias teorias alternativas. As investigações de Boyle com a recém-inventada bomba de ar não pretendiam, por exemplo, decidir entre as teorias dos que acreditavam na possibilidade do espaço vazio e as daqueles que não acreditavam, mas simplesmente estabelecer a elasticidade do ar. A insistência retórica no caráter factual de suas conclusões experimentais levou os experimentadores ingleses a apresentar seus experimentos como eventos históricos reais. Isso deu lugar ao desenvolvimento de um nova maneira de descrever experimentos, de modo a dar ao leitor a impressão de que ele estava lá. O objetivo disso era multiplicar as testemunhas do evento real, transformando-as em "testemunhas virtuais". Essa era uma maneira de contornar o problema do testemunho: por que se acreditaria nesses relatos? As testemunhas virtuais eram levadas a sentir que sabiam tanto sobre o cenário e o procedimento experimentais que elas próprias os testemunhavam efetivamente. Outras vezes, fazia-se apelo ao *número* de testemunhas reais, em geral numa reunião da Royal Society, ultrapassando de longe as exigências dos procedimentos legais, ou a *natureza* das testemunhas, tipicamente cavalheiros que falavam e agiam de maneira livre e imparcial [201; 200; 197].

A tentativa de substituir a autoridade que se conferia à abordagem à filosofia natural mediante a silogística aristotélica por experimentos confiáveis não foi um exercício abstrato em epistemologia. A natureza supostamente evidente por si mesma das premissas que davam à filosofia natural aristotélica tradicional sua autoridade tinha de ser substituída. Experimentos, como a matemática, não são evidentes por si mesmos. Para se convencer de sua verdade você tem de saber o que está fazendo, ou aceitá-los com base na fé. Uma vez que era impossível para Boyle ou Pascal transformar todas as pessoas em experimentadores, como era impossível que todo mundo se tornasse matemático, eles se concentraram em enfatizar a confiabilidade de suas afirmações. Mas a que se devem as diferenças entre o experimentalismo continental e o de tipo inglês?

Dear propõe uma explicação fundada em diferenças religiosas. Os católicos continentais ainda acreditavam na ocorrência de milagres, ao passo que os protestantes ingleses afirmavam que a era dos milagres passara e por isso nenhum milagre genuíno se produziria agora. Dear vê, como um corolário dessas crenças, uma crença católica na ordem fixa, uma ordem sujeita à lei da natureza que pode ser violada por um evento histórico único (um milagre). Nesse contexto, uma descrição de um experimento único não tem sentido (é simplesmente mais um exemplo da ordem da natureza), mas uma afirmação universal sobre, digamos, a pressão do ar, realmente revela algo sobre a ordem da natureza. Na Inglaterra protestante, não há necessidade da crença numa ordem fixa da natureza para fornecer um padrão que permita decidir o que é milagroso, porque milagres não acontecem. Assim, experimentos únicos são significativos, contribuindo para uma compreensão mais precisa do modo como as coisas vêm a ser, ao passo que uma afirmação universal não tem sentido porque se baseia no que a maioria dos protestantes ingleses considera o falso pressuposto de que as coisas não poderiam ser de outra maneira (os vácuos têm de existir, ou as partes minúsculas dos corpos têm de ser indivisíveis, ou semelhantes) [48; 50; cap. 7; cf. 110; 112].

Shapin e Schaffer, em contrapartida, explicam as ênfases da metodologia da Royal Society a partir da história conturbada da sociedade inglesa no século XVII e a persistente necessidade, após a restauração do monarca, de garantir a estabilização e a paz. Boyle e seus colegas acreditavam que ao se concentrar na determinação do que realmente existia estavam fornecendo meios para o encerramento das controvérsias na filosofia natural. Todos podiam concordar quanto aos fatos, mesmo que não pudessem concordar quanto à divisibilidade infinita da matéria. A comunidade unida dos filósofos naturais podia assim contribuir para o estabelecimento da ordem na sociedade; a legitimação de seu método na e pela filosofia natural significava que ele podia ser usado para estipular regras para a produção do conhecimento autêntico e para lidar com controvérsias em outras áreas, como a política e a religião. O método experimental inglês apresentava-se como um meio de gerar e manter o consenso numa comunidade autocomandada sem uma autoridade arbitrária [201: 341].

Algumas das interpretações de Dear, Shapin e Schaffer são discutíveis, mas seu trabalho nos ajuda muito a compreender a natureza precisa do "método experimental" na Inglaterra do século XVII, em contraste com aquele mais típico do continente. Além disso, eles fornecem materiais valiosos para nos ajudar a entender o poder do método experimental na constituição da ciência moderna. Como Shapin e Schaffer assinalam, há hoje uma tendência a supor que o sucesso do método experimental não exige nenhuma explicação, tal sua óbvia superioridade a nossos olhos, em relação a outros modos de gerar conhecimento. A análise histórica que fazem mostra que de fato nossa visão atual da validade e da eficácia do experimentalismo tem suas origens, como o próprio método experimental, em várias estratégias sociais, políticas e retóricas usadas no período moderno inicial para vários propósitos locais, históricos.

3

A Magia e as Origens da Ciência Moderna

Outras importantes fontes do empirismo da revolução científica seriam encontradas na tradição mágica, e é possível ver a ação dessas influências em várias áreas. Elas merecem ser consideradas separadamente aqui, no entanto, porque geraram considerável debate historiográfico [222; 39]. Vários historiadores da ciência recusaram-se a aceitar que algo que lhes parecia tão irracional pudesse ter tido algum impacto na busca eminentemente racional da ciência. Seus argumentos parecem fundados em mero preconceito, ou numa incapacidade de compreender a riqueza e a complexidade da tradição mágica.

A recuperação, no Renascimento, de textos antigos que estimularam tantas outras áreas da vida intelectual resultou num renovado desabrochar das tradições mágicas. O florescimento da magia deveu muito, sem dúvida, à redescoberta de antigos escritos neoplatônicos, entre os quais os textos atribuídos a Hermes Trismegisto (embora hoje se concorde em geral que Frances Yates e seus seguidores exageraram muito a influência da chamada tradição hermética [39]), mas está claro hoje que ele ocorreu também em grande parte devido a novas tendências surgidas no seio do aristotelismo renascentista. Os princípios em que a teoria medieval das interações mágicas se baseava derivavam, inevitavelmente, do aristotelismo escolástico. Durante o Renascimento vários filósofos aristotélicos, como Giovanni Pico della Mirandola (1463-94) e Pietro Pomponazzi (1462-1525), depuraram os aspectos mais naturalistas da tradição mágica (em que os efeitos mágicos eram causados pela exploração das propriedades naturais, porém ocultas, das coisas), ao passo que filósofos de tendência neoplatônica, como Marsilio Ficino (1433-99) e Tommaso Campanella (1568-1638), desenvolveram uma forma mais espiritual ou demoníaca de magia [38].

Para compreender o papel da magia na revolução científica é importante observar a existência da chamada magia natural, sem dúvida o aspecto dominante da tradição mágica. A magia natural fundava-se no pressuposto de que certas coisas tinham poderes escondidos, ou ocultos, de afetar outras coisas e assim realizar fenômenos inexplicáveis. O sucesso de um mago natural dependia de um profundo conhecimento dos corpos, e do modo como estes agem uns sobre os outros, de modo a ocasionar o resultado desejado [38; 111; 230]. Repetidamente vemos magos naturais do Renascimento insistir que sua forma de magia não dependia de nada além do conhecimento da natureza, a tal ponto que um historiador recente sugeriu que deveríamos denominar esse tipo de pensamento "naturalismo renascentista", para distingui-lo do que ele concebe como verdadeira magia [114].

Em um sentido muito real, porém, a separação dos elementos naturalistas dos outros aspectos da magia foi precisamente o que se realizou durante a revolução científica. A história da magia a partir do século XVIII foi a história do que restou a essa tradição *depois* que elementos fundamentais da magia natural haviam sido absorvidos na filosofia natural. Ademais, para nós a magia lida com o sobrenatural, mas aos olhos dos primeiros pensadores modernos seus efeitos dependiam da manipulação de objetos e processos naturais. Para eles apenas Deus podia produzir eventos sobrenaturais. Até o demonólogo, ao invocar um demônio — talvez o próprio Satanás — para fazer seu pedido, só esperava que o demônio fosse capaz de atuar como um mago natural extremamente proficiente, usando os poderes ocultos *naturais* dos objetos para ocasionar eventos desejados [25; 38; 114]. Se a magia natural desapareceu de nossa concepção de magia, foi precisamente porque os aspectos mais fundamentais da tradição estão agora absorvidos na visão científica do mundo. Em outras palavras, a visão científica do mundo se desenvolveu, pelo menos em parte, a partir de um casamento da filosofia natural com a tradição pragmática e empírica da magia natural.

O pragmatismo da magia é óbvio. A finalidade do mago é sempre ocasionar algum resultado desejado, seja para seu próprio benefício ou para o de um patrono ou cliente [39; 214]. O empirismo da magia pode nos parecer mais surpreendente; no entanto, ele é parte integrante da magia natural. De que outra maneira poderia o mago aprender sobre os poderes ocultos que tem um corpo de afetar outro? Os menos diligentes poderiam se valer da semiologia: lendo os sinais, ou *assinaturas*, que Deus imprimiu para nos permitir ler o livro da natureza (um exemplo favorito dos historiadores é a noz, cuja estrutura se assemelha à do cérebro no interior do crânio, num claro sinal de Deus de que pode ser usada para curar doenças do cérebro). Os mais cuidadosos verificariam as coisas por si mesmos (embora, na prática, os magos naturais tendessem a se apoiar fortemente nas afirmações tradicionais da literatura mágica; se alguma coisa é mencionada em mais de um ou dois livros, deve ser válida! [38]).

A relevância da magia para a reforma das idéias relativas à maneira correta de se compreender o mundo natural pode ser vista no fato de que, por mais surpreendente que possa parecer, a tecnologia esteve inextricavelmente unida à magia ao longo de toda a Idade Média e Renascimento [61; 62]. Isso não significa que o iniciado acreditava que as máquinas eram operadas por demônios interiores (lembremos: supunha-se que a magia operava por meios *naturais*). A elaboração de dispositivos mecânicos para produzir efeitos maravilhosos era considerada a mera exploração dos poderes ocultos porém naturais das coisas e, portanto, a esfera do mágico [61; 216]. Além disso, em razão dos íntimos laços entre a mecânica e a matemática, esse tipo de exploração de mecanismos era freqüentemente chamado de "magia matemática". Assim a magia tornou-se associada também à abordagem matemática da compreensão do mundo físico [62; 111; 29; 68].

Posto isto, porém, é necessário ter extremo cuidado ao avaliar em que medida exata se afirmava que a matemática revelava os segredos da natureza. É claro, por exemplo, que o caráter significativo dos números queria dizer coisas diferentes para pensadores diferentes. Johannes Kepler, astrônomo matemático completo que era, pode ser visto também como profundamente influenciado pela tradição mágica da numerologia. Sabe-se que um importante estímulo para seu trabalho em cosmologia foi sua tentativa de responder por que havia somente seis planetas. Não se tratava de uma questão científica; o que ele buscava era compreender o que o número seis tinha de tão significativo para que Deus o tivesse usado, e nenhum outro, para ser o número dos planetas. Mas há uma imensa diferença entre a questão numerológica de Kepler e o modo como ele procurou a resposta e, digamos, o tipo de numerologia que Robert Fludd praticou. Fludd (1574-1637) foi um prolífico autor de obras de magia do tipo mais místico. Kepler criticou Fludd, afirmando que as razões numéricas presentes no céu que ele discutira em seu *Utriusque cosmi historia* (1617-21, *História de ambos os cosmos* — Fludd referia-se ao macrocosmo e o microcosmo) eram meros símbolos que ele inventara para servir a seus propósitos poéticos e retóricos. Kepler insistiu que os números e as razões numéricas em que ele próprio estava interessado eram traços verdadeiros do mundo físico. Em outras palavras, os números que Fludd usava seriam impingidos ao céu por sua própria fantasia, ao passo que Kepler usaria apenas números que era possível verificar serem parte integrante no sistema real [39; 71; 53; 99]. Contudo, a distância assim estabelecida por Kepler entre ele próprio e Fludd não deveria ser vista como uma rejeição das tradições mágicas, mas como uma reafirmação da magia natural válida. Quando Francis Bacon escreveu que "Há uma grande diferença entre os Ídolos da mente humana e as Idéias da mente Divina", poderia estar falando por Kepler, e pelo que disse em seguida fica claro que, não obstante, ele acreditava que a Criação de Deus exibia sinais de sua importância e utilidade para o gênero humano: "Isto é, entre certos dogmas vazios e as verdadeiras assinaturas e marcas impostas às obras da criação tal como encontrada na natureza" [citado em 8: 323].

Em conseqüência, é importante observar que a determinação das harmonias celestes que Kepler efetuou usando as observações extremamente precisas de Tycho Brahe lhe permitiu provar, para sua própria satisfação, que havia somente seis planetas porque Deus criou o universo segundo um "arquétipo geométrico". Deus separou os planetas uns dos outros, convenceu-se Kepler, encaixando-os alternadamente com cada um dos cinco chamados sólidos platônicos. A particularidade desses sólidos é serem definidos pelos princípios da geometria euclidiana como os únicos corpos tridimensionais de seu tipo. Não é possível fazer nenhum outro sólido fechado com todas as faces iguais. Assim, como Deus inscreveu um cubo dentro da esfera de Saturno, tocando a esfera com seus oito ângulos, e depois usou esse cubo para demarcar a esfera de Júpiter, de tal modo que essa esfera tocasse cada face do cubo, e procedeu de maneira análoga com o tetraedro entre Júpiter e Marte, e assim por diante, a criação dos planetas tinha de parar em seis, já que não restavam sólidos que Deus pudesse usar [71; 134]. O uso que Kepler fez da matemática foi muito diferente do de Fludd, mas dificilmente se pode dizer que ele não estava mergulhado na tradição mágica neoplatônica.

A magia natural, que, como William Eamon assinalou, foi a "ciência cortesã" por excelência [62: 225], floresceu nas cortes da Europa particularmente na primeira parte do período [64; 65; 154; 155]. Pode-se afirmar que as mais antigas academias cortesãs que se interessaram pelo conhecimento natural foram instituídas para promover a magia natural. Por exemplo, ao fundar a Accademia dei Lincei (Academia dos Linces), Federico Cesi (1585-1630) inspirou-se na discussão desenvolvida por Giambattista Della Porta (1540-1615), no prefácio de seu sucinto *Magia naturalis* (1589), sobre a necessidade de se observar a natureza com olhos de lince de modo a tirar proveito das coisas naturais [62: 229-33]. Nas universidades, a astrologia sempre teve presença bastante importante, sobretudo nas faculdades de medicina [214], mas nos séculos XVI e XVII outros aspectos da tradição mágica se fizeram sentir; em particular, outros aspectos da magia e da alquimia matemáticas inspiraram teorias médicas [68; 154]. A crença mágica nas assinaturas e nas correspondências entre diferentes degraus da escada da criação foi vista como um estímulo notável para a observação e o registro cuidadosos de minerais, plantas e animais [175: cap. 8; 64: 245-6; 8]. Nem mesmo os novos instrumentos da filosofia natural escapam à contaminação de antecedentes mágicos. Truques enganosos com lentes e espelhos sempre estiveram entre as mais assombrosas artes do mágico natural, e o telescópio e o microscópio, quando introduzidos pela primeira vez ao estudo da natureza, foram tratados com extrema cautela pela maioria dos filósofos naturais [219; 220; 104].

Parece inegável que as tradições mágicas desempenharam um importante papel na grande transformação da filosofia natural escolástica na nova filosofia natural da revolução científica, mais empírica, de uso mais prático. Contudo, os detalhes precisos do modo como alguns aspectos da tradição mágica foram absorvidos e outros rejeitados por completo não são nada claros. Supostamente, parte da história foi ditada pela crescente percepção entre patronos e praticantes de quais eram os métodos mais eficazes, de quais pressupostos subjacentes apontavam o caminho para as conclusões mais frutíferas, e assim por diante. Como a magia sempre tivera uma má imagem pública, derivada sobretudo do predomínio da fraude entre os pretensos magos e dos ataques incessantes da Igreja, parecia sensato aos filósofos naturais reformadores somar suas próprias vozes à condenação da magia, ao mesmo tempo em que extraíam da tradição o que reconheciam como útil. Parte dessa atitude pode ser vista, por exemplo, quando Seth Ward (1617-89) discutiu com John Webster (1610-82) em 1654 sobre a ausência da magia no currículo universitário. Ward rejeitou a magia como um "embuste e uma impostura" que engana "com a falsa aparência de virtudes específicas e de Assinaturas celestes ocultas", mas imediatamente insistiu que "As descobertas das Sinfonias da natureza e das regras para a aplicação de causas agentes e materiais à produção de efeitos é a verdadeira Magia natural, e o fim humano geral de todas as investigações filosóficas" [52: 228-9]. Talvez o melhor exemplo dessa duplicidade em relação à magia seja Francis Bacon, que, enquanto sorvia grande parte da inspiração para seu novo método da tradição mágica e desenvolvia o que foi qualificado de uma "cosmologia semiparacelsista", conseguiu se afastar da magia difamando-a mais do que qualquer um [176; 180]. Ao definir o objetivo da academia filosófica idealizada, o ponto central de seu utópico *New Atlantis*, Bacon usou a própria linguagem do mago natural: "O Fim de nossa Fundação é o conhecimento das Causas e movimentos secretos das coisas: e a ampliação dos limites do Império Humano à execução de todas as coisas possíveis", e extraiu livremente de fontes mágicas grande parte do material de sua obra enciclopédica *Sylva sylvarum* (1627). Suas críticas deixam claro que ele via muitas falhas na abordagem mágica, mas é inegável que sua própria obra foi enormemente influenciada pela tradição mágica [180].

As tradições menores do paracelsismo [51; 54; 229], helmontismo [166] e filosofias químicas secundárias tiveram destinos semelhantes. Várias das idéias paracelsistas foram absorvidas pela medicina dominante, remédios químicos apareceram nas farmacopéias oficiais, mas o próprio Paracelso e seus seguidores eram freqüentemente difamados. Por causa do radicalismo de sua ruptura com a medicina galênica tradicional, Paracelso passou a ser visto como o Lutero da medicina, mas isso significava que o paracelsismo não podia ser adotado de maneira leviana. O galenismo estava entrincheirado nas escolas de medicina e as autoridades sancionadoras, as congregações dos médicos, exigiam galenismo ortodoxo dos praticantes licenciados. Da mesma forma que o aristotelismo, o galenismo era visto como mais um aspecto da autoridade tradicional e, conseqüentemente, a adesão ao paracelsismo podia ser vista como um sinal de subversão. Não há dúvida de que o paracelsismo floresceu em sociedades laceradas por conflitos religiosos e políticos. Na França do final do século XVI, o paracelsismo foi estimulado pelos protestantes huguenotes; no início do século XVII ele floresceu nos Estados alemães protestantes, em particular a Boêmia, antes que ela fosse esmagada pelo sacro imperador romano, Fernando II, em suas tentativas de reimplantar o catolicismo [178; 54]. Em seguida, o paracelsismo floresceu na Inglaterra sob o poder parlamentar quando o Colégio dos Médicos era visto como o "Palácio Real de Medicina Galênica", e Galeno como um tirano da medicina a ser deposto como Carlos I [178; 228; 35; 149; 174]. Como era inevitável, dadas suas afiliações radicais, o paracelsismo entrou em declínio na Inglaterra após a Restauração, embora tenha conseguido deixar sua marca na prática da medicina. Somente um estudo meticuloso das mudanças na farmacopéia e na prática médica pode revelar que elementos do paracelsismo e de outras filosofias químicas começaram a aparecer no lado "científico" das fronteiras recém-erguidas pela revolução científica, enquanto outros permaneceram nas trevas exteriores. Além disso, somente um estudo que leve em conta o pano de fundo social, religioso e político pode explicar por que as fronteiras foram erguidas onde foram. Nesse meio tempo, contudo, parece inteiramente justificado observar que a tradição mágica desempenhou um importante papel no estabelecimento de atitudes empíricas e pragmáticas em relação ao conhecimento natural.

Mas isso ainda não é o fim da história. A influência mágica não ficou confinada a assuntos gerais, metodológicos. Em alguns casos é possível mostrar que inovações conceituais consideráveis deveram muito a modos de pensar mágicos. E não se trata de inovações meramente marginais. É possível ver concepções mágicas desempenhando um papel importante no pensamento de vários pensadores preeminentes. Deixando de lado os filósofos químicos que dispensam qualquer argumentação, a lista teria de incluir William Gilbert, Johannes Kepler, Robert Boyle e Isaac Newton.

Consideremos William Gilbert, cujas investigações experimentais do magnetismo foram consideradas fundamentais. Edgar Zilsel e J.A. Bennett [245; 9] destacam a importância socioeconômica da bússola magnética e das investigações pragmaticamente inspiradas feitas pelos navegadores, marinheiros e outros como um importante estímulo para as investigações de Gilbert e uma das principais fontes de seu método. Porém, mesmo uma leitura superficial do *De magnete* (1600) de Gilbert é suficiente para revelar sua abordagem animista e mágica à natureza do mundo. Para Gilbert a Terra era um corpo vivo, capaz de se mover da mesma maneira que um ímã — sempre visto como o exemplo supremo de um objeto mágico — podia se mover (ele estava escrevendo com um propósito copernicano: buscando explicar o movimento da Terra). Muitos de seus experimentos buscavam estabelecer os movimentos espontâneos dos ímãs no intuito de mostrar que, por isso, eram dotados de almas. Chegou até a sugerir (e a influência platônica é clara aqui) que a alma magnética era superior à alma humana, por não ser, como esta, tão freqüentemente iludida pelos sentidos. Experimentos subseqüentes foram concebidos para provar que a própria Terra era um ímã gigante, a partir do que tornou-se fácil concluir que a Terra tinha uma alma (sendo portanto capaz de se mover por si mesma).

Johannes Kepler adaptou as idéias de Gilbert em sua obra fisicalista *New Astronomy* (1609), recorrendo a algo semelhante à força magnética para explicar os movimentos dos planetas em torno do Sol, mas em outros escritos seus as tradições mágicas se mostram muito mais dominantes em seu pensamento. Já nos referimos à tentativa de Kepler de explicar por que havia somente seis planetas, mas ele se empenhou também em saber por que os planetas estavam situados onde estavam. Isso era enigmático para Kepler, pois os planetas não apresentavam um padrão evidente de disposição quando deveriam estar, digamos, dispostos a intervalos iguais. Por incrível que pareça, o arquétipo geométrico de Kepler, em que ele encaixava os cinco sólidos platônicos entre cada uma das esferas planetárias, forneceu de fato uma resposta notavelmente precisa para essa pergunta. Os sólidos platônicos não apenas determinavam que só podia haver seis planetas (porque nem Deus seria capaz de fazer outro sólido fechado com todas as faces iguais), como previam os espaçamentos que o astrônomo copernicano podia estabelecer mediante cálculos geométricos — ou que se aproximavam muito disso [71]. Kepler tampouco abandonou o arquétipo geométrico, fundado na noção de *esferas* planetárias, após sua descoberta das órbitas elípticas. Para explicar por que Deus teria usado elipses em vez de círculos (ou esferas), ele recorreu à tradição pitagórica e neoplatônica das harmonias celestes. Planetas que se movessem em círculos a uma velocidade imutável só poderiam gerar tons únicos, ele raciocinou, mas um planeta que se movesse numa elipse a uma velocidade que variasse regularmente geraria uma variedade de notas. Na tentativa de descobrir as notas exatas geradas por cada um dos planetas, Kepler usou as precisas observações de Tycho para determinar, entre outras coisas, as velocidades dos planetas quando mais próximos e mais afastados do Sol. A chamada terceira lei do movimento planetário de Kepler, que forneceu uma relação exata entre o tempo que um planeta leva para concluir um circuito completo do céu e a distância *média* que o separa do Sol, permitiu-lhe retornar a seu arquétipo geométrico. As distâncias médias que separam os planetas do Sol forneceram um conjunto de círculos (ou esferas) cujo encaixe entre os sólidos platônicos pôde mais uma vez ser demonstrado. Espantosamente, mesmo com as observações planetárias de Tycho (não muito diferentes das atuais), a precisão do encaixe era notável. Não é surpreendente que Kepler acreditasse ter descoberto o plano que Deus usara ao criar o cosmo [71: cap. 5; 14; 210].

É possível ver a mesma tradição pitagórica ou neoplatônica de harmonias cósmicas nos escritos de Isaac Newton. Em alguns rascunhos manuscritos que Newton compôs para inclusão numa segunda edição abandonada dos *Principia mathematica*, nós o vemos entregando-se a especulações mágico-religiosas sobre um conhecimento esotérico da gravitação universal entre os antigos seguidores de Pitágoras (que, aliás, era visto como uma figura capital na genealogia da magia; o emblema de sua confraria, supostamente escolhido em razão da sutileza matemática de todas as suas linhas se dividirem na chamada razão áurea, era o pentagrama, que se tornou um famoso símbolo do mago). A doutrina pitagórica da harmonia das esferas, simbolizada por meio de Apolo, o deus-sol, com uma lira de sete cordas, indicava, segundo Newton, sua crença de que o Sol atrai os planetas segundo a lei do inverso do quadrado da distância [144: 166]. O esboço completo dá a impressão de que Newton estava convencido da importância numerológica do número sete, e esta não é a única passagem de seus escritos em que o número sete desempenha um papel relevante. Sua discussão sobre as cores do espectro, tanto no primeiro artigo que enviou à Royal Society (1675) quanto na *Opticks* (1704), traça uma analogia precisa entre as cores e as sete notas da oitava. Newton chegou até a afirmar que experimentos repetidos, em que as posições das cores projetadas eram assinaladas em folhas de papel, mostraram a concordância entre as distâncias assim marcadas e as posições necessárias para transpor um monocórdio de comprimento correspondente para produzir as notas da escala diatônica. Em suas conferências não-publicadas sobre óptica, no entanto, descobrimos que Newton primeiro mediu as distâncias entre cinco cores para em seguida acrescentar o laranja e o anil [92]. Pode-se dizer que, quando as crianças aprendem as *sete* cores do arco-íris na escola, estão prestando uma inadvertida homenagem não ao método experimental de Newton, mas à sua crença nas harmonias cósmicas.

Newton foi também um alquimista. Por muito tempo desprezada pelos historiadores como irrelevante para uma compreensão de seus esforços científicos, sua alquimia foi vista mais recentemente como um elemento importante de seu pensamento sobre a natureza da matéria. Betty Jo Dobbs e R.S. Westfall insistiram em que a disposição de Newton a permitir que seu sistema de física dependesse de forças ocultas de atração e repulsão que operavam entre as partículas da matéria provinha de sua familiaridade com modos de pensamento alquímicos [56; 237]. Foi assinalado, contudo, que Newton só teria passado a confiar nessas forças, capazes de operar através do espaço vazio, depois que Robert Hooke lhe sugeriu, em 1679, que as leis do movimento planetário de Kepler podiam ser explicadas em função do movimento linear de um planeta curvado numa elipse por uma força atrativa em direção ao Sol, a qual variaria inversamente ao quadrado da distância entre Sol e planeta (ver Capítulo 2. i) [31]. Como Newton já era um adepto da alquimia havia muitos anos, parece impossível negar a importância da sugestão de Hooke, especialmente à luz de uma recente afirmação de que, para compreender o pensamento do próprio Hooke sobre essa questão, não precisamos olhar além do cenário dominante na filosofia natural inglesa na época [110].

Mas se não é possível dizer que a alquimia foi a inspiração primordial da crença de Newton em forças ocultas, é possível ver que ela afetou profundamente outros aspectos de seu pensamento científico. Desde seu primeiro "Hypothesis of Light", enviado à Royal Society em 1675, até as especulativas "Indagações" que acrescentou a sucessivas edições da *Óptica* (3ª edição 1717), Newton claramente fez uso de concepções alquímicas sobre a atividade da luz e sua capacidade de interagir com a matéria e lhe conferir atividade. Se tomou a idéia de uma força oculta da gravidade de alguma outra fonte, suas especulações sobre princípios ativos na matéria, um dos quais poderia ter sido a causa da gravidade, parecem provir diretamente da tradição alquímica [57]. Não há também como escapar do fato de que a gravidade de Newton era uma força oculta, capaz de atuar à distância através de vastas extensões de espaço. Mesmo que não tenha emergido das pesquisas alquímicas de Newton, esse conceito atesta a importância das tradições mágicas em seu pensamento [56; 237].

O contemporâneo mais velho de Newton, Robert Boyle, certamente o filósofo natural mais respeitado na Inglaterra em seu tempo [201; 200; 120], era também um alquimista praticante e é possível perceber que a teoria subjacente à sua alquimia moldou alguns dos detalhes da filosofia natural pela qual ele é reverenciado. A filosofia corpuscular de Boyle, que foi vista como derivando em última análise da filosofia da Descartes, ou de Pierre Gassendi (1592-1655), o restaurador do atomismo antigo, é em diversos aspectos muito mais próxima de uma tradição alquímica particular, originada sobretudo de *Summa perfectionis*, obra falsamente atribuída ao alquimista árabe conhecido como Geber [159]. Outros aspectos de sua filosofia natural podem ser entendidos como provenientes de características mais comuns da tradição alquímica [171; 27], e outros ainda da filosofia química de Joan Baptista van Helmont [28].

O ressurgimento da tradição mágica natural no Renascimento deu à revolução científica outra contribuição de importância decisiva. Uma das principais premissas da mágica natural era que alguns (se não todos) corpos têm poderes ocultos capazes de atuar sobre alguns ou todos os demais corpos. Qualidades ocultas típicas, reconhecidas por todos, eram as diferentes influências dos planetas, o magnetismo e a capacidade de certos minerais, plantas e até animais de curar várias doenças. Esses poderes eram chamados ocultos por serem insensíveis; não podemos perceber o poder magnético por meio dos nossos sentidos, só sabemos de sua existência por seus efeitos; não podemos compreender por observação como o ruibarbo purga o intestino, mas não há como duvidar de sua eficácia. No aristotelismo escolástico tradicional tais qualidades ocultas constituíam certo embaraço; era difícil acomodar causas insensíveis numa filosofia natural baseada na explicação em termos de causas evidentes. O filósofo escolástico ficava satisfeito se conseguisse explicar mudanças em termos das qualidades *manifestas* do calor, do frio, da umidade e da secura; o recurso a qualidades ocultas parecia uma admissão de derrota intelectual [121; 153].

Na tradição médica, contudo, em que freqüentemente se reconhecia que os poderes das drogas não podiam ser explicados em função de suas propriedades manifestas, as qualidades ocultas eram invocadas de maneira muito mais rotineira [153; 38]. Com a rápida expansão do saber sobre a flora e a fauna que foi uma característica do desabrochar da história natural e fundada na observação, e com o desenvolvimento de remédios e outros avanços no conhecimento químico, toda uma nova área de qualidades ocultas foi aberta. Mágicos naturais aristotélicos, como Giovanni Pico e Pomponazzi, e aristotélicos reformadores posteriores, como Girolamo Fracastoro (*c.*1478-1553) e Daniel Sennert (1572-1637) buscaram meios de conciliar essas qualidades ocultas com a filosofia natural aristotélica. Houve duas abordagens principais. Em primeiro lugar, sugerir algum meio de causação natural que, embora insensível, não fosse ininteligível (exemplos incluíam espíritos sutis emanantes ou as ações de eflúvios particulados invisivelmente pequenos). Em segundo lugar, enfatizar a realidade daquelas qualidades ocultas chamando a atenção para a realidade empiricamente inegável de seus efeitos. Este foi outro importante estímulo para a investigação empírica da natureza [121; 153; 38].

Essas idéias iriam frutificar na nova filosofia natural da revolução científica. Quando Francis Bacon expressou sua conhecida rejeição da lógica dedutiva do silogismo em favor da lógica indutiva, ele estava exaltando a lógica implícita, se não explícita, da tradição mágica natural [111]. A distinção escolástica entre qualidades manifestas e ocultas foi efetivamente descartada pelo método de Bacon de coletar fatos empíricos e registrá-los em "quadros de ocorrências" (Bacon acreditava que somente uma coletą pré-teórica de fatos brutos poderia garantir que a explicação de um fenômeno natural não seria prejulgada, ou prejudicada) [145]. Incidentes que envolviam calor (para os escolásticos, uma qualidade manifesta) e incidentes que envolviam magnetismo (qualidade oculta típica) deviam ser tratados da mesma maneira; o resultado era que o calor deixava de parecer manifesto (sendo considerado por Bacon um movimento "expansivo, restrito" das partículas dos corpos), e o magnetismo não parecia mais ininteligível que o calor [121; 153].

Embora Bacon nunca tenha conseguido articular completamente seu novo método, ele foi capaz de convencer alguns dos filósofos naturais da geração subseqüente (particularmente entre seus compatriotas) de que o método experimental podia ser usado para sancionar o uso de qualidades ocultas em explicações científicas [110; 112]. A chamada "filosofia experimental", tal como desenvolvida na Inglaterra, permitia o uso de fenômenos físicos inexplicados, contanto que seus efeitos pudessem ser evidenciados por meios experimentais. Boyle e Hooke muitas vezes explicaram fenômenos pneumáticos em termos da "elasticidade" do ar. Evitavam hipóteses sobre a *causa* dos esforços auto-expansivos do ar, contentando-se em insistir na sua realidade, tal como evidenciada por efeitos na bomba de ar [110; 201]. Essa mesma tradição baconiana pode ser vista na confiante refutação, por Newton, da acusação (feita por Leibniz) de que seu princípio de gravitação era uma "qualidade oculta escolástica". Para Newton a gravidade, embora sua causa permanecesse oculta, podia ser considerada uma qualidade manifesta, por causa da experiência diária que temos dela e devido à análise matemática precisa que ele fizera de suas operações [110; 112].

Das duas respostas dadas pelos magos naturais aristotélicos do Renascimento à proliferação, ocorrida na época, de qualidades ocultas que lhes pareciam ser uma conseqüência de desenvolvimentos na história natural, na química e outras artes, os filósofos naturais ingleses concentram-se sem dúvida na linha da ratificação experimental. No continente europeu, contudo, a ênfase recaiu muito mais na tentativa de encontrar explicações causais inteligíveis para o *modus operandi* insensível das qualidades ocultas. Para compreender essa diferença de ênfase, devemos voltar os olhos para diferenças no pano de fundo social e político. Enquanto várias hipóteses sobre causas inteligíveis subjacentes ocasionaram apenas controvérsia e conflito na filosofia natural, o método de Bacon de coletar fatos para estabelecer empiricamente a realidade de qualidades ocultas pôde se mostrar útil aos objetivos conciliatórios de Boyle e outros, que buscavam apresentar uma filosofia natural capaz de sanar divergências e receber assentimento geral. Pode-se considerar, portanto, que esse aspecto da tradição mágica natural se ajusta às ambições reformadoras de caráter filosófico, religioso e, por fim, político de Boyle e de ingleses contemporâneos de pensamento assemelhado, descritas por Steven Shapin, Simon Schaffer e outros [201; 203; 243; 46]. Além disso, é possível encontrar as origens do mesmo tipo de motivação conciliatória na filosofia natural inglesa no início do século [112].

Mais uma vez, então, podemos ver que o método experimental, e certamente sua versão inglesa, com sua ênfase na coleta de fatos baconiana e sua rejeição declarada da teorização especulativa, é proveniente em grande medida da tradição mágica natural. De maneira semelhante, a forma alternativa dos mágicos naturais de adaptar qualidades ocultas à filosofia natural, por meios supostamente insensíveis mas físicos, pode ser considerada influente no desenvolvimento dos novos sistemas da filosofia mecânica [121; 153], outro traço marcante da revolução científica que consideramos no próximo capítulo.

4

A Filosofia Mecânica

A filosofia natural e as disciplinas matemáticas passaram por consideráveis reformas durante o Renascimento; porém, algo mais foi necessário antes que o aristotelismo escolástico dominante pudesse ser substituído. A filosofia natural escolástica era um sistema completo, aparentemente capaz de dar conta da maior parte das questões relativas ao mundo físico. O aristotelismo que formava o âmago do sistema estava perfeitamente entrosado com a astronomia ptolomaica e a medicina galênica. Além disso, fundava-se numa metafísica coerente e vigorosa e, graças ao trabalho realizado por Tomás de Aquino e outros mestres da Igreja desde o século XIII, era considerado um "servo" da "rainha das ciências", a teologia. A unidade essencial da abordagem à natureza do mundo físico, do macrocosmo ao microcosmo, era vista como uma prova inabalável da verdade do sistema. Durante o Renascimento essa unidade começou a se romper, mas a tendência geral entre os intelectuais era remendar o velho sistema e manter-se fiel a ele. Ser um filósofo natural, afinal de contas, era estar de posse de uma chave para a resposta de todas as questões acerca do mundo físico. O resultado, contudo, foi uma proliferação de aristotelismos: toda uma série de refinamentos, reelaborações e reinterpretações — muitas vezes engenhosos — da escolástica tradicional que visavam dar lugar aos últimos achados e às últimas modas do campo do pensamento [192].

Se muitos estavam claramente satisfeitos com esse estado de coisas, havia outros que queriam mais. Para eles, o que se exigia era um novo sistema de filosofia, capaz de substituir o sistema aristotélico por completo. Algumas tentativas concorrentes de produzir tal sistema foram desenvolvidas, mas em geral pareceram aos contemporâneos versões da "filosofia mecânica". No final do século a filosofia mecânica substituíra efetivamente o aristotelismo escolástico como a nova chave para a compreensão de todos os aspectos do mundo físico, da propagação da luz à geração dos animais, da pneumática à respiração, da química à astronomia. A filosofia mecânica marca uma ruptura categórica com o passado e sela a revolução científica.

Em suas formas mais estritas a filosofia mecânica caracterizou-se fundamentalmente por um conjunto limitado de princípios explanatórios. Todos os fenômenos deviam ser explicados a partir de conceitos empregados na disciplina matemática da mecânica: forma, tamanho, quantidade e movimento. A lógica desse tipo de explicação tendia a conduzir a uma teoria de causação restrita, concebida apenas em termos de ação de contato. A filosofia mecânica via o funcionamento do mundo natural por analogia com o maquinismo: a mudança era ocasionada (e podia ser explicada) pelos engates entre os corpos, como as rodas dentadas de um relógio, ou por impacto e transferência de movimento de um corpo para outro. Explicações com base em princípios animados e justificações teológicas (em que o comportamento de alguma coisa era explicado por referência à sua suposta finalidade: por que uma bolota cresce? Porque sua finalidade é tornar-se um carvalho para prover a humanidade de madeira) eram rejeitadas. Fazia-se uma distinção entre o que era visto como as verdadeiras propriedades dos corpos (tamanho e forma, movimento ou repouso) e qualidades meramente secundárias, causadas pelas primeiras, como cor, gosto, odor, calor ou frieza e assim por diante [55; 235]. É significativo que as qualidades manifestas do aristotelismo sejam reduzidas à condição de qualidades secundárias, causadas pelos movimentos das partículas invisivelmente pequenas vistas como constituintes dos corpos grandes. De maneira similar, qualidades ocultas são explicadas pelo recurso a princípios mecânicos. A distinção aristotélica entre qualidades ocultas e manifestas deixa de ser importante na filosofia mecânica, uma vez que todas as explicações recorrem fundamentalmente a movimentos e interações de partículas insensíveis [121; 153].

Isso nos traz à última característica importante da filosofia mecânica: ela se fundava na suposição de que os corpos eram constituídos por átomos ou corpúsculos invisivelmente pequenos. Não surpreende que uma das principais fontes de inspiração por trás da formação dos novos sistemas de filosofia mecânica fosse o ressurgimento das filosofias atomistas antigas de Demócrito e, mais especialmente, de Epicuro. De fato, um dos mais importantes sistemas de filosofia mecânica, o de Pierre Gassendi, fundava-se em suas tentativas de reconstruir a filosofia natural de Epicuro [130]. Mas nem todos os mecanicistas acreditavam na existência de átomos necessariamente indivisíveis. Era possível ser mecanicista, endossando a crença de que a matéria era divisível ao infinito, e, ao mesmo tempo, afirmar que havia partículas básicas mínimas envolvidas em toda mudança física. Robert Boyle, por exemplo, intitulava-se um corpusculista, nunca um atomista [201].

Outro importante estímulo para teorias particuladas da matéria desenvolveu-se no seio da própria tradição aristotélica. Originada sobretudo nos influentes comentários árabes sobre Aristóteles escritos no século XII por Averróis (*c.* 1150), e estimulada por uma crescente percepção da mudança química no Renascimento, a suposição de que as substâncias eram compostas de *minima naturalia* desempenhou crescente papel nas especulações escolásticas sobre a natureza da matéria. Aristotélicos ecléticos como Daniel Sennert, Girolamo Fracastoro e David van Goorle (*fl.* 1610) combinaram a tradição de *minima naturalia* com o atomismo em suas tentativas de reformar as teorias médica e química [221; 147; 63]. Um aspecto importante dessas reformas foi o estabelecimento de um conceito de partículas que, embora as considerasse indivisíveis, atribuía-lhes um tamanho finito. Teorias atomistas anteriores haviam sido abaladas pelo que se poderia chamar de atomismo matemático, em que se afirma que os átomos são indivisíveis porque não passam de pontos geométricos, sem nenhuma extensão. Era difícil conceber, contudo, como tais átomos não-extensos podiam fazer parte das explicações físicas de entidades extensas; no caso das partículas mínimas mas extensas a dificuldade não se apresentava. Gassendi conseguiu extrair apoio da tradição de *minima naturalia* em suas próprias tentativas de elucidar os princípios do atomismo epicurista [130; 221].

O maior adversário do sistema epicurista de Gassendi na primeira metade do século XVII foi o novo sistema de René Descartes. É possível afirmar que o sistema cartesiano foi a versão mais influente da filosofia mecânica e, sob muitos aspectos, a mais admirável [87; 89; 207]. Fundada numa unificação da matemática com a física, legitimada por uma nova metafísica, a filosofia de Descartes definia a matéria exclusivamente em termos de extensão. Isso lhe permitiu, pelo menos em princípio, afirmar que a física podia basear-se na análise geométrica de corpos extensos em movimento [88; 107]. Na prática, contudo, a exposição do sistema do mundo que Descartes ofereceu quase nunca se funda em análise matemática efetiva. Sua explicação dos movimentos celestes, por exemplo, relaciona a densidade dos planetas com as distâncias que os separam do Sol, mas não há nenhuma tentativa de calcular precisamente essa relação. A confiança de Descartes na certeza matemática de seu sistema baseia-se na estrutura axiomática deste, seus fundamentos supostamente indubitáveis e a cuidadosa dedução dos fenômenos a partir desses fundamentos [107].

A primeira exposição que Descartes fez de seu sistema, *Le monde*, foi concluída em 1633, mas ele suspendeu sua publicação ao saber que Galileu fora condenado por defender doutrinas copernicanas. A versão madura de sua filosofia mecânica foi publicada em 1644 sob o título *Principia philosophiae* (obra ainda copernicana, mas com alguns engenhosos casuísmos sobre o caráter relativo de todo movimento, o que lhe permitiu definir a Terra como estacionária). A identificação da matéria com a extensão, que forma o ponto de partida do sistema, acarretava a negação do vácuo e fornecia fundamento para a afirmação de que toda interação se dava por ação de contato. Como o mundo é completamente cheio, o movimento só pode ocorrer por um deslocamento que provavelmente tem ramificações universais. Para evitar esse absurdo, supõe-se que os deslocamentos ocorrem segundo um padrão cíclico bastante localizado. Assim, pode-se considerar que um corpo em movimento forma, à medida que avança, uma circulação de matéria, um vórtice, ou uma série desses vórtices, nas partículas vizinhas densamente comprimidas [86; 207; 235].

Valendo-se de explicações mecânicas do movimento centrífugo (tal como observado comumente num bodoque), Descartes foi capaz de explicar os movimentos celestes e a gravidade por meio dessa teoria do vórtice. Se supomos um imenso vórtice de matéria, as menores partículas vão se acumular no centro porque têm menor tendência centrífuga. A aglomeração e o acotovelamento dessas partículas no centro gerará atrito, ocasionando a luz e o calor que vemos no Sol e nas estrelas fixas (cada um dos quais está no centro de um vórtice). Partículas maiores se conglomeram para formar os planetas, que são arrastados no vórtice em órbitas fixas segundo suas densidades. Se um planeta se aproxima mais do centro do vórtice, por exemplo, encontrará partículas menores, em movimento mais rápido (as partículas maiores, tendo uma tendência centrífuga mais forte, estão mais distantes do centro); em conseqüência, seu próprio movimento aumenta e ele adquire uma maior tendência centrífuga que o transportará para fora de novo. O sistema é auto-regulador. Mas por que as partículas maiores se conglomeram para formar planetas? Isso não é devidamente explicado, porém, uma vez formado, o planeta se torna o centro de seu próprio vórtice. O movimento das partículas que circundam o planeta fornece uma tendência centrífuga com relação ao planeta que é utilizada para explicar a gravidade [2; 88; 89; 207; 233].

Outra importante premissa do sistema de Descartes é a afirmação de que a quantidade de movimento no mundo permanece sempre constante. Descartes tenta estabelecer os modos precisos como os movimentos são transferidos de um corpo para outro em sete regras do impacto que supostamente derivam de suas três leis do movimento. À primeira vista, há algumas incoerências nessas regras. Descartes nega, por exemplo, que um corpo em movimento, não importa qual seja sua velocidade, poderia pôr um corpo estacionário *maior* em movimento. A implicação clara é que o corpo maior tem algum poder de resistir ao movimento, mas isso é incompatível com outro pilar da filosofia cartesiana, a concepção de que a matéria é completamente inerte. A matéria não pode ser completamente passiva e ter o poder de resistir ao movimento [78; 89; 207; 233]. Na verdade, o próprio Descartes parece ter acreditado que essa regra era justificada por seu princípio da imutabilidade de Deus e por sua primeira lei da natureza, segundo a qual, se puderem, os corpos permanecerão na mesma condição de movimento *ou repouso*, mas evidentemente isso causou consideráveis dificuldades para os contemporâneos de Descartes, bem como para seus comentadores modernos [106].

De fato, a crença de Descartes na constância da quantidade de movimento no mundo já era bastante problemática sem se encadear às regras do impacto. A implicação era que não podia haver nenhum movimento novo no mundo. Quando um movimento se iniciava em um determinado lugar, em algum outro lugar do mundo uma quantidade correspondente de movimento tinha de ser absorvida. Consideremos o caso da detonação da pólvora com um rastilho. Certamente não se poderia afirmar que é o movimento do rastilho e de sua chama que fornece movimento à bala de canhão. Então o que é que o fornece? E como esse movimento é transferido para a bala por ação de impacto?

Por mais extraordinariamente especulativos e não convincentes que esses exemplos de explicação possam nos parecer, Descartes estava convicto de sua verdade, como nos diz bem no final dos *Princípios*, porque eles haviam sido deduzidos numa série contínua (como os teoremas de Euclides) dos "princípios mais simples do conhecimento humano". Além disso, muitos de seus contemporâneos também estavam convencidos, pois ainda que seus seguidores pudessem criticar detalhes do sistema, eles estavam certos de que Descartes encontrara o caminho mais seguro e frutífero para o entendimento do mundo físico.

O escrito de Descartes se difundiu amplamente no continente, em particular na França e nos Países Baixos [129], mas não teve o mesmo sucesso na Inglaterra. A filosofia experimental tal como ali se desenvolveu impedia uma aceitação fácil de qualquer sistema dedutivo, e o sistema Descartes foi considerado tão gerador de dissensões quanto o sistema extremamente materialista de Thomas Hobbes [201]. Embora Descartes incluísse o uso de experimentos no desenvolvimento de seu sistema, eles desempenhavam um papel claramente secundário na corroboração das cadeias de raciocínio [107]. Em conseqüência, o experimento cartesiano tendia a parecer um relato do que devia acontecer, supondo-se que os raciocínios de Descartes estavam corretos. Como vimos (Capítulo 2. ii), esse tipo de apresentação do experimento foi rejeitado por Boyle e outros destacados filósofos experimentais na Inglaterra [48; 201; 200].

Isso não significa que a filosofia mecânica não prosperou na Inglaterra. Todos os filósofos naturais da corrente dominante depois da Restauração podem ser definidos como filósofos mecânicos, mas havia acentuadas diferenças entre seu tipo de mecanicismo e as versões, que podiam ser consideradas mais estritas, de Descartes e Hobbes. Uma maneira de caracterizar a diferença pode tomar por base suas diferentes reações à tradição mágica natural. Vimos no Capítulo 3 que os magos naturais lidavam com as qualidades ocultas de duas maneiras: buscando explicar efeitos ocultos de princípios materiais, inteligíveis, como as partículas invisíveis, ou adotando uma abordagem fenomenológica empiricamente autorizada, de modo que a realidade de uma qualidade oculta pudesse ser afirmada a partir de seus efeitos observados. Vimos também que a segunda alternativa parecia ajustar-se aos interesses dos filósofos naturais ingleses, que tinham outras razões para desejar enfatizar verdades experimentalmente estabelecidas. O resultado foi uma versão da filosofia mecânica em que a matéria não era sempre considerada inteiramente passiva e inerte, como os sistemas de Descartes e de Hobbes a declaravam. Afirmava-se ser possível que partículas de matéria fossem dotadas de princípios ativos que poderiam explicar fenômenos ocultos como o magnetismo e a gravidade e várias propriedades químicas (entre elas, por exemplo, a propriedade explosiva da pólvora), mas que ainda assim podiam ser tratados na filosofia natural por meio de demonstração e manipulação experimental [110; 28; 27; 112]. É certamente significativo também que Gassendi tenha sido mais influente na Inglaterra que Descartes [110].

Segundo Gassendi os átomos eram dotados na Criação de um princípio interno de movimento, um "impulso natural", "faculdade interna" ou "força" que sempre mantinha seus movimentos ou, de maneira um tanto inexplicada, mantinha seu poder de se mover (ele fala que a força motriz presente nos átomos está sendo "restringida" quando o corpo que eles constituem se torna mais lento e "liberada" quando um corpo começa a se mover) [20: 76-9, 119-21; 164: 191-3]. A filosofia de Gassendi parecia também oferecer um modo mais plausível que o de Descartes para tratar fenômenos vitais e químicos. Segundo ela, pelo menos alguns átomos possuíam uma "força interna" ou "poder seminal" que lhes permitia criar as sementes das plantas ou, no caso de poderes internos "lapidíficos" ou "metálicos", pedras e metais [20: 129-33]. A filosofia natural de Gassendi foi parafraseada em inglês por Walter Charleton (*c.*1620-1707) em sua *Physiologia Epicuro-Gassendo-Charltoniana*, de 1654, e tornou-se muito influente entre pensadores ingleses eminentes como Boyle, Newton e o filósofo John Locke [110]. A reafirmação filosoficamente rigorosa dos princípios epicuristas feita por Gassendi não só demonstrou em detalhes de que modo o atomismo podia ser usado na explicação dos fenômenos físicos, como tornou o atomismo teológica e moralmente respeitável [164; 130].

O auge da tradição inglesa de filosofia mecânica pode ser visto nos *Principia mathematica* de Isaac Newton (1687) e nas Indagações anexadas em número em cada vez maior às sucessivas edições de sua *Óptica* (1704, 1706, 1717). Quando Newton escreveu no "Escólio geral" acrescentado à segunda edição dos *Principia* (1713) que a indução a partir dos fenômenos tornava claro que "a gravidade realmente existe e atua de acordo com as leis que explicamos", ainda que a *causa* da gravidade permanecesse oculta, ele ofendeu gravemente as sensibilidades cartesianas de pensadores como Huygens e Leibniz.

Para Huygens, a noção de atração não podia ser considerada uma explicação em termos mecânicos. Em seu *Discours de la cause de la pesanteur* (*Discurso sobre a causa do peso*, 1690) ele se contentou em explicar a gravidade em um refinamento da teoria do vórtice de Descartes. Para superar o fato embaraçoso de que a teoria original de Descartes não podia explicar a gravitação nos pólos da Terra (como o vórtice turbilhona em torno do equador, não haveria nos pólos nenhuma força centrífuga considerável e portanto, nenhuma tendência centrípeta resultante), Huygens sugeriu que as partículas responsáveis pela gravidade envolviam a Terra em *todas* as direções, em torno tanto dos pólos quanto do equador ou de qualquer outro círculo traçado na superfície da Terra (supunha-se que as partículas eram pequenas o suficiente para fazê-lo sem interferir umas com as outras) [55; 244].

De maneira semelhante, Leibniz rejeitou a gravidade de Newton como uma "qualidade escolástica oculta" [110; 121], e permaneceu resolutamente impermeável às justificações metodológicas de Newton para seu conceito de gravidade. Newton tentara explicar forças em função dos movimentos dos corpos, mas esses movimentos, insistia Leibniz, precisavam ser explicados com base em forças que operavam sobre os corpos; Newton parecia estar deixando os aspectos irrelevantes tomarem conta do que realmente importava [233; 179].

Ironicamente, a explicação de força proposta pelo próprio Leibniz deveu muito à doutrina escolástica das formas substanciais, uma doutrina condenada por todos os outros "novos" filósofos. Leibniz sempre fora ávido por conciliar extremos opostos na filosofia e na religião, e sua noção de formas substanciais, embora muito diferente da noção escolástica original, pode ser vista como uma maneira de conciliar a metafísica escolástica com a filosofia mecânica. A forma substancial escolástica era o que fazia de uma porção de matéria uma coisa específica, ou substância individual. Um castanheiro e uma baleia eram compostos da mesma matéria indiferenciada; suas diferenças deviam-se inteiramente às suas formas substanciais. Os escolásticos posteriores recorriam cada vez mais às formas substanciais para explicar propriedades individuais de diferentes substâncias, como os poderes de atração dos ímãs. Era o tipo da não-explicação inútil amplamente condenada pelos novos filósofos: equivalia a dizer que uma substância se comportava de uma determinada maneira porque estava em sua natureza comportar-se assim [63]. Segundo Leibniz, a explicação da gravidade proposta por Newton era inteiramente típica das explanações escolásticas. O próprio Leibniz, porém, viu a força como uma chave para dar sentido às formas substanciais no seio da filosofia mecânica. A filosofia mecânica cartesiana tentava explicar todos os fenômenos em termos de matéria (ou extensão) em movimento, mas a matéria, sugeriu Leibniz, nada mais era que "força passiva primitiva", a capacidade de resistir à penetração e ao movimento, ao passo que o movimento era uma mera manifestação de relações cambiantes entre corpos como resultado da "força ativa primitiva". Essa força ativa, o princípio da atividade que reside nos corpos e é a causa de seus movimentos, era fundamental na filosofia de Leibniz [84].

Assim, as obscuras noções escolásticas de forma e matéria foram transformadas por Leibniz nos fundamentos da força motriz e da resistência ao movimento. Obviamente, isso veio reafirmar o objetivo mecanicista de explicar todos os fenômenos com base nas leis do movimento, mas além disso, pelo menos para Leibniz, forneceu uma explicação (ou definição) metafísica do que era força. Enquanto Newton admitia sua ignorância quanto à natureza da força e só podia afirmar conhecê-la por seus efeitos, Leibniz pôde pretender defini-la como um componente essencial de uma substância; força, e não extensão, era a essência de um corpo [17; 84; 179].

A partir disto, deveria estar claro que, como Newton, Leibniz foi além dos princípios mecanicistas estritos ao introduzir noções de atividade na matéria. No caso de Leibniz, contudo, é fácil ver que o modelo original de sua concepção de força é inteiramente pautado na restrita noção cartesiana de força de impacto; não há nenhuma concepção de força capaz de atuar à distância na filosofia de Leibniz [233; 3]. Sua concepção fundamental de força foi condensada em sua expressão *vis viva* (força viva), que ele caracterizou como uma medida do efeito que um corpo em movimento pode produzir, rejeitando a concepção cartesiana de força como quantidade de movimento. Divulgado pela primeira vez em 1686 em *Acta eruditorum*, o conceito de *vis viva* de Leibniz veio a estimular uma importante controvérsia que se prolongou pelo século XVIII [102; 123].

Para o próprio Leibniz, o que se conservava ao longo de todas as interações físicas do universo era *vis viva*, não a quantidade de movimento como supusera Descartes. Ao desenvolver essa noção ele rejeitou as abstrações matemáticas de Descartes, de Huygens e até de Newton, segundo as quais corpos em colisão eram considerados perfeitamente duros, transferindo instantaneamente seus movimentos de um para outro por impacto. Talvez isso não refletisse a realidade da situação, insistiu Leibniz, e ele começou a desenvolver uma teoria do impacto fundada na suposição de que os corpos transferem movimento de um para outro mediante a compressão e a subseqüente restauração de suas partes, concebidas como perfeitamente elásticas [233; 3; 84].

A transferência de movimento nas colisões era um *sine qua non* para a filosofia mecânica, sendo fundamental para sua teoria da causação. Era também, no entanto, um grande obstáculo para aquelas versões do mecanicismo que insistiam na total passividade da matéria.

Não estava claro, para os pensadores do século XVII, por que o movimento, mas não a cor de um projétil, por exemplo, deveria ser transferido por impacto. Se a matéria era inteiramente inerte, por que haveria de ter qualquer reação a um impacto [78; 89; 390; 233]? Newton contornou a dificuldade propondo a existência nos corpos de princípios ativos ou forças cujo papel era, entre outras coisas, responder por detalhes inescrutáveis como o meio de transferência do movimento. Leibniz, no entanto, desenvolveu um conceito de força que podia explicar a transferência do movimento ao mesmo tempo em que permanecia fiel ao conceito cartesiano de força como força de impacto.

Há algumas similaridades evidentes entre Newton e Leibniz: ambos eram profundamente interessados em alquimia e em outros aspectos do filosofar neoplatônico e eram movidos, em grande medida, por suas próprias crenças religiosas bastante peculiares. Eram também, é claro, matemáticos completos (aliás, sua acerba contenda sobre a prioridade na invenção do cálculo infinitesimal intensificou claramente suas divergências de cunho mais filosófico e religioso [97; 3]). E, o que tem maior relevância aqui, ambos percebiam que a única maneira de expandir a filosofia mecânica e torná-la realmente frutífera era reconhecer que a matéria deve ser ela própria ativa. Assim que olhamos além dessas similaridades superficiais, no entanto, temos de reconhecer a importância de uma total compreensão de seus diferentes panos de fundo para uma explicação das diferenças fundamentais de detalhe em suas filosofias naturais.

Da perspectiva atual, é uma tentação para o historiador tentar entender a *vis viva* de Leibniz como uma concepção rudimentar de nossa noção de energia cinética, mas isso pode nos desviar do principal objetivo dos historiadores, o de compreender o passado. O conceito de *vis viva* de Leibniz sem dúvida foi desenvolvido no contexto de uma metafísica cuidadosamente refletida, que por sua vez estava relacionada com uma posição teológica inabalável. Leibniz professava uma teologia intelectualista, que sustentava que devem existir absolutos de bondade, justiça e coisas semelhantes, a que até Deus devia se conformar. Vendo o corpo em termos escolásticos de matéria e forma substancial, Leibniz propôs que as forças ativas primitivas constituíam a forma dos corpos, comprometendo-se assim com uma visão dos corpos em que a atividade era parte inseparável de sua essência. Isso significava que Deus não teria podido criar corpos de nenhuma outra maneira; o conceito de matéria passiva era para Leibniz uma contradição nos termos. *Vis viva*, conservando-se em todo o funcionamento do universo, era essencial, portanto, para a metafísica, a filosofia natural e a teologia de Leibniz [84].

Isaac Newton, ao contrário, era um rematado voluntarista em teologia, sustentando que a vontade arbitrária de Deus não admitia quaisquer restrições de absolutos preconcebidos. Tudo que Deus escolhia era bom em virtude de sua escolha. Os detalhes da Criação podiam ser descobertos apenas pela experiência, não por reconstrução racional do que Deus "deveria" ter feito. Em conseqüência, Newton sustentava que a matéria era ativa somente em virtude do fato de que Deus lhe havia "superadicionado" princípios ativos na Criação. Assim, como seu Deus, Newton estava livre para conceber os princípios ativos da atração gravitacional, da repulsão entre partículas, da fermentação e outros fenômenos empíricos. Leibniz, em contrapartida, ficou limitado por sua metafísica a explicar todos os fenômenos, em última análise, em termos da força motriz de *vis viva* [233; 84; 110].

Devido ao entrelaçamento de teologia, metafísica e filosofia natural na concepção tanto de Newton quanto de Leibniz, a disputa entre eles foi revestida do que poderíamos chamar de relevância cósmica. Isso se revela mais claramente na correspondência filosófica entre Leibniz e Samuel Clarke (1675-1729) (o último atuando como porta-voz de Newton), publicada pouco depois da morte de Leibniz em 1717. Tratando da natureza do espaço, do tempo, da gravidade e da força em geral, bem como de idéias sobre as interações de Deus com o mundo e de princípios metafísicos leibnizianos, como o princípio da razão suficiente, a correspondência revelou duas visões de mundo incompatíveis [4].

A decisão específica dos newtonianos de não fazer qualquer concessão a Leibniz e a seus seguidores estava ligada a desenvolvimentos políticos que ocorreram na Inglaterra nessa época. Aos olhos dos pensadores ingleses, a teologia filosófica de Leibniz parecia mostrar similaridades com as idéias de várias facções políticas radicais livre-pensadoras de que os newtonianos queriam se desvincular. Seus julgamentos sobre a filosofia de Leibniz e sua importância foram afetados, portanto, pelo contexto social e político da Grã-Bretanha no início do século XVIII [196]. Até as interpretações de tentativas experimentais posteriores de testar a validade do conceito de *vis viva* foram afetadas pela discórdia preestabelecida entre newtonianos e leibnizianos [123].

Claramente inseparável de desenvolvimentos na compreensão da mecânica, da cinética e da dinâmica, a filosofia mecânica foi também uma força importante em outros aspectos da filosofia natural da época. Os filósofos mecânicos procuravam provar a riqueza de sua nova filosofia mostrando como ela era capaz de explicar as formas, funções e processos vitais das criaturas vivas. Na verdade, parece justo dizer que, nas filosofias naturais de dois dos mais eminentes filósofos mecânicos, Descartes e Hobbes, a explicação dos fenômenos vitais e do comportamento animal (inclusive humano) foi sempre um aspecto dominante [108; 89; 207].

O primeiro passo de Descartes foi recorrer à obra de William Harvey sobre o coração e o sangue, eliminar seus elementos vitalistas e, ignorando a concepção de Harvey sobre o modo como o coração funciona, produzir uma explicação mecanicista da circulação sangüínea. Harvey demonstrara, contrariando a antiga idéia galênica, que a parte ativa do ciclo do coração era sua contração (sístole), mas supôs que a atividade do coração era estimulada e mantida pelo poder vital inato do sangue, dotado de uma faculdade pulsativa própria [165; 101: cap. 17; 75: cap. 1]. Esse tipo de explicação não satisfazia Descartes. Adaptando noções anteriores de um calor vital inato dos organismos vivos [148], Descartes supôs que havia um fogo queimando no ventrículo esquerdo do coração. Ao penetrar no lado esquerdo do coração vindo dos frios pulmões, o sangue era imediatamente vaporizado pelo calor, causando assim uma rápida expansão do coração e uma rápida evasão do sangue vaporizado para a aorta e dela para todo o sistema arterial. O coração expandido sucumbia e, nesse exato momento, mais sangue vindo dos pulmões entrava para provocar o ciclo mais uma vez [108; 101: cap. 18; 235: cap. 5; 148: cap. 3].

Embora sua explicação mecanicista do batimento cardíaco se opusesse às sucintas demonstrações experimentais da sístole como o batimento ativo propostas por Harvey, Descartes insistiu que sua explicação dos movimentos do coração era uma decorrência necessária da disposição de suas partes, exatamente como os movimentos de um relógio decorriam da disposição de suas rodas denteadas. Sustentou que o fogo no coração, que segundo ele não diferia de outros fogos que ardem sem luz em corpos inanimados (tinha em mente a fermentação — não associada, naquela época, à atividade de microrganismos) era a mola mestra e a origem de todos os outros movimentos corpóreos.

Descartes prosseguiu com a elaboração de uma fisiologia especulativa em que os corpos animais e humanos funcionavam como autômatos complexos baseados em sistemas hidráulicos. Embora tenha evitado a publicação de seu *Traité de l'homme*, temendo ofender a

Igreja católica romana, incluiu sua explicação do movimento do coração e do sangue em seu *Discurso do método* (1637) para indicar como uma fisiologia mecanicista funcionaria. Ela se provou extremamente influente e tentativas mecanicistas de explicar a vida (ou de minimizá-la?) ganharam ímpeto no decorrer do século [108; 148; 172].

Na Inglaterra a nova filosofia natural mecanicista aliou-se durante a década de 1650 ao meticuloso experimentalismo anatômico inspirado por Harvey para dar origem a uma tradição de pesquisa notavelmente coerente que durou até a década de 1670. O foco central dessa pesquisa foi a respiração. As duas principais especulações sobre a finalidade da respiração — esfriar o sistema ou introduzir ar no ventrículo esquerdo do coração para a produção do espírito vital — foram descartadas na década de 1650. As hipóteses mecânicas alternativas de que a respiração era o meio de transportar o sangue do ventrículo direito para o esquerdo, ou de revolver e misturar as partículas sangüíneas, foram gradativamente dando lugar à idéia de que durante seu trânsito pelos pulmões o sangue se apropriava de um ingrediente vital do ar. Proposta pela primeira vez na década de 1650, essa idéia teve seus mais eficientes defensores em John Mayow (1641-79) em 1668 e Thomas Willis em 1670 [75; 101].

A filosofia mecânica foi aplicada também à compreensão dos movimentos musculares, seja por meio da análise mecânica das cargas de trabalho exercidas para se mover o esqueleto (visto como um complexo de alavancas), tal como exemplificado por Giovanni Borelli [235; 101], seja por uma teorização mais especulativa sobre os meios químicos pelos quais os músculos são levados a se contrair [75; 101; 235]. As explicações do movimento muscular não só tinham de ser compatíveis com as explicações do processamento das informações sensoriais vindas de fora do corpo e com as explicações dos fenômenos internos dos apetites e das emoções, ou "paixões", como deviam ampliá-las. Somente dessa maneira seria possível reduzir todos os aspectos do comportamento animal a reações maquinais a estímulos apropriados. A filosofia mecânica foi usada para explicar tudo que anteriormente fora explicado com base no funcionamento das almas vegetais ou animais — formas substanciais que, segundo se acreditava, dotavam as criaturas vivas dos poderes de reprodução, crescimento e nutrição (vegetal), e de percepção, apetites e movimento autônomo (animal). O resultado foi um novo conceito das criaturas vivas como *bêtes-machines* que atuavam sempre em estrita conformidade com as leis da mecânica [101; 108].

O maior desafio para esse aspecto da nova filosofia era a geração animal. A explicação aristotélica clássica descrevia a emergência gradual das partes diferenciadas do corpo animal a partir de um fluido indiferenciado (dentro do ovo ou do útero), sob a ação formativa do sêmen masculino ou de algo nele presente. A concepção cartesiana só diferia na medida em que rejeitava o pressuposto de que o agente formativo tinha o caráter de "alma" e possuía intencionalidade. Como alternativa, Descartes sugeriu que as *semina* dos pais fermentavam, causando uma agitação de suas partículas que começavam então a empurrar outras partículas, de tal modo que elas se arranjavam gradualmente, de acordo com leis mecânicas, para formar as partes do feto animal. Com o intuito de prevenir críticas sobre o caráter vago dessa explicação, Descartes simplesmente afirmou que se conhecesse a microestrutura do sêmen de maneira detalhada o bastante seria capaz de deduzir a forma e a estrutura do animal adulto "por razões inteiramente matemáticas e certas" [241; 172].

Não convencidos, vários filósofos mecânicos posteriores passaram a desenvolver o conceito de preexistência. Um dos mais notáveis foi inspirado pela pesquisa anatômica microscópica realizada com insetos por Jan Swammerdam. Observando as formas rudimentares da ninfa no lagarto, e a borboleta na ninfa graças à dissecação anatômica (1669), Swammerdam desenvolveu a teoria do *emboîtement* (1672). Não ocorre nenhuma metamorfose de matéria amorfa para dar lugar às formas organizadas das plantas e dos animais, Swammerdam insistiu, ocorre apenas crescimento de partes invisíveis previamente existentes para a região do visível. A teoria da preexistência é conhecida como *emboîtement* porque abarca todas as gerações de criaturas encapsuladas nos ovos das fêmeas: uma fêmea ainda não nascida já existirá num ovo, e terá ovos, em alguns dos quais haverá fêmeas com ovos, e assim por diante [241; 101; 172; 74; 1]. Houve entre os historiadores uma tendência a apresentar essa teoria em termos crus e a menosprezá-la como absurda, mas, como trabalhos recentes mostraram, nas mãos de seus principais proponentes, Swammerdam e Nicolas Malebranche (1638-1715), a teoria da preexistência era muito mais sutil [241: 125-8; 172: 244; 182]. De fato, ambos os autores parecem afirmar apenas que versões rudimentares das partes essenciais das criaturas preexistem, de tal modo que as leis mecânicas cartesianas tenham algo a que se aplicar. Em outras palavras, a teoria da preexistência deveria ser tomada não como um quadro grosseiro das gerações animais como um conjunto de bonecas russas, mas simplesmente como uma maneira de preservar a teoria da epigênese mecânica de Descartes [182: 222].

A ênfase no ovo feminino, que derivava fundamentalmente da pesquisa de Harvey sobre a geração dos animais (em que ele concluiu que todas as criaturas vivas emergiam de um ovo [241; 101]), foi posta em xeque por Anton van Leeuwenhoek em 1677, quando ele descobriu os espermatozóides. Alternativa "animalculista" ao "ovismo", parecia remontar à concepção mais tradicional e duradoura de que os machos desempenhavam o papel mais importante na reprodução. O próprio Leeuwenhoek acreditava ser mais apropriado para a alma ser transportada no sêmen masculino do que no ovo feminino e desenvolveu uma teoria preformista em que novas criaturas eram elaboradas no sêmen masculino (governado pela alma animal do pai) antes da concepção para em seguida crescer no útero materno com o nutrimento fornecido pelo ovo [241].

O animalculismo nunca se popularizou. A teoria encontrou uma série de empecilhos. O próprio Leeuwenhoek, na condição de negociante de tecidos de pouca instrução, cujos resultados empíricos muitas vezes não podiam ser reproduzidos por outros (seus microscópios simples — essencialmente minúsculas contas de vidro usadas como poderosas lentes de aumento — exigiam um técnica meticulosa e uma boa visão), foi muitas vezes repudiado como não confiável [11; 200: 306-7]. O assunto parece ter suscitado também problemas de decência por envolver a discussão pública de questões íntimas. Certa vez, por exemplo, Leeuwenhoek sentiu-se obrigado a frisar que conseguira sua amostra experimental de sêmen não por algum "artifício pecaminoso" mas se precipitando do leito conjugal para o microscópio — mesmo isso, porém, sugeria uma conduta imprópria [241: 131-2]. Finalmente, quando as dúvidas acerca da real existência daqueles animálculos haviam sido superadas, um conhecimento mais amplo dos microparasitos fez com que os espermatozóides parecessem candidatos pouco promissores a um papel tão especial na geração. Acreditava-se que eram meros contaminantes no fluido seminal [241: 136-7].

Apesar das dificuldades aparentemente insuperáveis envolvidas na explicação das extraordinárias complexidades das coisas vivas em termos mecânicos, a filosofia mecânica foi tão influente nas ciências da vida quanto nas ciências mais físicas. Era como se os pensadores do século XVII se recusassem a admitir as dificuldades. Se considerarmos apenas os argumentos técnicos da fisiologia e da anatomia mecanicistas isso é inexplicável. Para compreendê-lo precisamos levar em conta aspectos mais amplos do mundo intelectual do século XVII. Devemos lembrar, por exemplo, a abrangência do aristotelismo e a necessidade percebida de substituí-lo por um sistema tão abrangente quanto. A percepção dessa necessidade estava inevitavelmente ligada a outros aspectos da dominância aristotélica — seus vínculos com as instituições da religião, por exemplo, e com outras instituições sociais e culturais. Um aspecto importante disso pode ser visto no modo como médicos de grande instrução abraçaram a fisiologia mecânica, que lhes permitia exibir uma perícia que parecia espantosamente erudita e técnica para impressionar uma clientela que repelia cada vez mais a medicina galênica tradicional [18]. Houve até, durante algum tempo, uma versão newtoniana da fisiologia mecânica, promovida pelos médicos mais ambiciosos [19; 94]. Contudo, talvez o aspecto mais óbvio dessa necessidade de abrangência ainda possa ser percebido nas ciências biomédicas modernas. Embora as idéias vitalistas tenham tido seus momentos na história subseqüente das ciências da vida, elas em geral foram vistas como capitulações a uma concepção fundamentalmente "não-científica" e como tais tenderam a ser reduzidas, mais cedo ou mais tarde, a uma explicação mais "mecanicista". Ainda se pode dizer que nossa própria visão de mundo é fortemente influenciada pela noção mecanicista da *bête-machine*, com todas as suas implicações para a biologia e a medicina. Nesse sentido, a fisiologia mecânica de Descartes e outros pode ser considerada a origem das ciências biomédicas modernas.

5

Religião e Ciência

Ainda há uma tendência a ver ciência e religião como abordagens absolutamente opostas e incompatíveis à compreensão das verdades fundamentais acerca do mundo. Houve conflitos entre essas duas visões de mundo, mas isso está longe de ser a história toda [15]. Mesmo o chamado "caso Galileu", provavelmente o exemplo mais conhecido de conflito entre conhecimento científico e religião, não foi de modo algum o efeito inevitável do embate de duas perspectivas supostamente contraditórias.

Não há dúvida de que a teoria copernicana foi combatida por razões religiosas (tanto por católicos como por protestantes) desde seu surgimento [239], mas durante setenta anos não houve nenhum pronunciamento oficial a respeito, e então (1616), embora um grupo de consultores tivesse concordado em julgar o heliocentrismo "formalmente herético", a Igreja católica apenas suspendeu sua aprovação ao livro de Copérnico "até que fosse corrigido" [206; 204]. A Igreja de Roma só insistiu de fato na natureza herética do copernicanismo com a condenação de Galileu em 1633. Hoje a pesquisa histórica deixa bem claro que, longe de ter sido o efeito inevitável de um choque entre as mentalidades científica e religiosa, a condenação do copernicanismo e de Galileu foi um resultado inteiramente contingente de fatores muito específicos.

O equilíbrio delicado que manteve o copernicanismo longe do sério interesse da Inquisição foi perturbado pelo talento de Galileu, bajulador, em fazer inimigos. Nas décadas de 1610 e 1620 ele transformou em inimigos grupos poderosos de dominicanos e jesuítas, e uma arrogância característica, exibida em seu *Diálogo sobre os dois maiores sistemas do mundo* (1632), conseguiu indispor contra ele seu até então defensor, o papa Urbano VIII [13; 66; 204; 185; 206]. A insistência de Galileu em discutir publicamente a interpretação da

Bíblia (para mostrar como era possível tornar o copernicanismo compatível com vários enunciados bíblicos) não contribuiu para melhorar a situação numa época em que a Igreja católica da Contra-Reforma tentava restringir a livre interpretação das Escrituras. Além disso, uma série de circunstâncias na impressão e publicação do *Diálogo* provocaram a desconfiança (infundada) de que Galileu era simpatizante de facções antipapistas num momento em que Urbano VIII se sentia acuado [13; 66; 204; 206; 49]. Se o desfecho era inevitável, só o foi em razão dessas circunstâncias extremamente específicas. O caso Galileu não deve ser tomado como indicador geral da relações entre ciência e religião no período moderno inicial.

Isso se torna ainda mais óbvio se voltarmos nossa atenção para quase todos os outros pensadores que deram contribuições para a revolução científica. Repetidamente podemos ver a importância que as questões religiosas tinham para os pensadores mais destacados, fornecendo uma motivação geral para suas filosofias naturais e moldando seus detalhes precisos. Kepler, por exemplo, via a si mesmo como um sacerdote "do Deus Altíssimo com respeito ao Livro da Natureza" que, ao descobrir o padrão que Deus impusera ao cosmo, estava "pensando os pensamentos de Deus à maneira Dele" [15: 19-22; 71]. Francis Bacon descreveu seus planos para a reforma da filosofia natural como um trabalho de preparação para o Sabá. O Sabá que tinha em mente era o Sabá derradeiro, eterno, depois do Juízo Final, que, com base numa profecia bíblica, Bacon acreditava que seria inaugurado após a ampliação das ciências [15: 22; 228; 115]. As filosofias naturais de Pierre Gassendi [164], René Descartes [164; 89], Robert Boyle [133; 201; 200; 120], Isaac Newton [57; 236] e Gottfried Wilhelm Leibniz [17; 84; 179] foram todas cuidadosamente desenvolvidas de modo a fornecer sustentação às concepções teológicas individuais dos respectivos autores. Precisamente o mesmo poderia ser dito das filosofias naturais de muitas figuras menores, de Paracelso [232] a Blaise Pascal [7; 48], de Joan Baptista van Helmont [133; 166] a William Whiston (1667-1752) [73], de Marin Mersenne [7; 47] a Nicolas Steno (1638-86) [7]. No todo, é difícil pôr em dúvida a importância da devoção religiosa na motivação e na conformação da ciência moderna inicial.

Um dos maiores empenhos dos filósofos mecânicos, por exemplo, era mostrar como Deus interagia com o mundo mecânico. Em razão de sua dependência de conceitos semi-atomistas da matéria, a filosofia mecânica era logo associada a Epicuro, o atomista supostamente ateu da Grécia antiga. Segundo Epicuro, a matéria era inerentemente móvel por si mesma, e todas as coisas podiam ser explicadas em função das conseqüências necessárias de colisões fortuitas entre os átomos. Gassendi, que se esforçou ativamente para reabilitar o epicurismo para leitores cristãos, rejeitou esse aspecto da teoria da matéria de Epicuro e insistiu em que Deus havia dotado a matéria de um princípio interno de movimento quando da Criação [20; 164]. Esse estratagema foi incorporado por vários outros mecanicistas, entre os quais Boyle e Newton. Desse modo era possível provar a existência de Deus utilizando-se a atividade da matéria. Uma vez que a matéria era necessariamente extensa mas não necessariamente ativa, eles supunham (afinal, podemos imaginar matéria sem atividade, mas não podemos imaginá-la sem extensão), toda atividade na matéria só podia ser explicada por recurso ao poder criativo de Deus [110].

Descartes, cujo sistema se fundava no pressuposto de que a matéria era completamente passiva e inerte, teve de desenvolver um estratagema diferente. Como a matéria era caracterizada em termos de extensão e ele desejava de todo modo evitar sugestões de que ela poderia ter poderes intrínsecos, Descartes recorreu diretamente a Deus para explicar as várias interações da matéria. Deus, segundo ele, não só dispôs as diferentes partes da matéria no mundo em movimento no momento da Criação, mas também manteve a quantidade de movimento no mundo, assegurando que os movimentos fossem transferidos de uma porção de matéria para outra de acordo com as três leis da natureza e as sete regras do impacto. A quantidade de movimento devia ser conservada e devia sempre ser transferida segundo as mesmas leis da natureza para que, supunha Descartes, a perfeita imutabilidade de Deus se conservasse [83; 106; 89: 248-9].

As concepções de Descartes sobre a força, grosseiramente simplificadas aqui, continuam causando controvérsia entre historiadores da filosofia especializados e, o que é mais importante para nós, com freqüência foram desconsideradas pelos contemporâneos do pensador. Muitos acreditavam que as leis da natureza de Descartes e as regras do impacto pretendiam ser suficientes para explicar o funcionamento do mundo sem nenhum recurso a Deus, já que se admitia que ele dera impulso ao sistema. Era fácil demais, porém, desenvolver uma versão atéia dessa explicação, bastando admitir, como Aristóteles o fizera, que o mundo era eterno e sempre existira tal como existe agora. Se o sistema não tinha nenhum início, Deus não era necessário em absoluto [116: 173-7].

Talvez por essa razão, vários seguidores de Descartes desenvolveram a noção de ocasionalismo, segundo a qual Deus era a única causa eficiente em ação no mundo. O ocasionalista mais influente foi o padre oratoriano Nicolas Malebranche, que afirmou que as leis da natureza não expressavam relações causais de maneira genuína: quando uma pedra atingia uma janela, era a ocasião para que Deus exercesse seu poder causal, a pedra em si mesma não tendo nenhum poder de quebrar a janela [129: 404-5; 143]. Para vários contemporâneos isso parecia tornar Deus diretamente responsável não só pelo mal totalmente corriqueiro como pelo mal absoluto [143].

Leibniz se opôs à implicação ocasionalista de que toda a física era um perpétuo milagre, insistindo no retorno a uma filosofia da natureza em que os corpos tinham suas próprias forças por meio das quais podiam afetar coisas (em conformidade com as leis divinamente impostas da natureza). Sem dúvida era importante para Leibniz preservar a transcendência do seu Deus e para isso, ele acreditava, era preciso tornar todos os corpos a fonte de sua própria atividade. Vimos anteriormente que ele tomou a noção escolástica de forma substancial de modo a poder caracterizar os corpos em termos de matéria passiva combinada com uma força ativa primitiva (ver Capítulo 4), mas estava convencido também da verdade de outro ditame escolástico: que somente um indivíduo genuíno podia ser ativo por si mesmo. Isso apresentou dificuldades para a concepção corpuscularista dos corpos na filosofia mecânica. Um corpo composto de átomos ou corpúsculos poderia ser um indivíduo genuíno? Considerações como estas, somadas a várias outras complexidades metafísicas conduziram Leibniz à sua filosofia matura em que o mundo era constituído não de átomos, mas de mônadas, criaturas essencialmente vivas dotadas tanto de corpo quanto de alma (e por isso indivíduos genuínos, como seres humanos), capazes portanto de atividade própria [17; 84; 179].

A natureza da força e a atividade dos corpos (ou sua falta de atividade) eram apenas um aspecto da relação de Deus com o mundo físico. Os conceitos de espaço foram outra fonte fundamental de discussões sobre o lugar de Deus no mundo. Para Newton, sempre influenciado por modos de pensamento platônicos, o espaço era "um efeito imanente de Deus", um transbordamento do ser de Deus que produziu a imensidão do mundo. Ele via o espaço, em conseqüência, como uma existência real e de extensão infinita. De fato, parece ter chegado, mais tarde, a identificar o espaço com a imensidão de Deus, tomando portanto a sentença bíblica, "É Nele que temos a vida, o movimento e o ser" (Atos 17: 28) de modo bastante literal [93]. O conceito de espaço absoluto de Newton, tão importante para a elaboração de seus *Principia mathematica* (1687), foi ditado não pelas exigências de sua análise matemática do sistema do mundo, mas por seu conceito de Deus.

Leibniz discordava. Buscando mais uma vez preservar a distante transcendência de Deus, ele insistiu em que o espaço, ou a dimensionalidade, podia ser um atributo de Deus. Se fosse, isso significaria que Deus era formado de partes, o que ele considerava absurdo. Mas Leibniz nunca se contentava em negar quando podia refutar. Assim, desenvolveu sua noção de espaço como um mero conceito relacional; uma ordem de coexistências. Extensão, forma e movimento eram apenas aparentes e em larga medida imaginários. Éramos nós, como observadores, que impúnhamos extensão ao mundo. Portanto, não fazia sentido algum vincular o Deus absoluto a esse espaço relativo [93].

Muitas vezes é possível verificar que filosofias naturais fundamentalmente divergentes se fundam em pressupostos básicos opostos com relação à natureza da providência de Deus. A teologia voluntarista supõe que a vontade de Deus é seu atributo dominante, ao passo que a teologia intelectualista enfatiza a razão de Deus. O voluntarista se recusa a admitir qualquer coisa que possa circunscrever a onipotência de Deus, ao passo que o intelectualista acredita que há algumas verdades eternas ou preexistentes que conduzem Deus a agir de certas maneiras por meio de sua razão. Os voluntaristas supõem que o que Deus decide é bom, já os intelectualistas acreditam que Deus decide o que é bom. O voluntarista não aceita que o mundo possa ser racionalmente reconstruído. A vontade arbitrária de Deus pode ter introduzido nele toda sorte de contingência, de modo que é preciso descobrir o sistema do mundo empiricamente. O intelectualista, em contraposição, acredita ser possível, pelo menos em certa medida, "pensar os pensamentos de Deus à maneira dele" e assim chegar a uma compreensão racional do mundo [140; 160; 164].

Vários estudos mostraram como o voluntarismo ou o intelectualismo teológicos deram forma a filosofias naturais, não somente de filósofos individuais como Gassendi [164], Descartes [164], Boyle [133; 160; 200], Newton [57; 236] e Leibniz [140; 160], mas também de todo um grupo de pensadores ingleses de pensamento semelhante [110; 112]. Esses estudos mostraram as fortes interconexões existentes entre a posição teológica subjacente, por um lado, e, por outro, teorias da força e da matéria, bem como concepções epistemológicas e metodológicas mais gerais. Por exemplo, o experimentalismo dos filósofos naturais ingleses, tão diferente de atitudes adotadas no continente com relação ao experimento, pode ser visto como perfeitamente ajustado ao compromisso com a onipotência ilimitada de Deus. Ali onde Descartes, o intelectualista [164], pensa que deve insistir na passividade absoluta da matéria, os voluntaristas ingleses admitem que Deus teria sido capaz de dotar a matéria de princípios intrínsecos de atividade. Enquanto Descartes acredita que a passividade da matéria pode ser verificada pelo poder da razão, os filósofos naturais ingleses insistem na investigação experimental dos poderes da matéria [110; 112].

Outra grande preocupação religiosa dos primeiros filósofos mecânicos foi o conceito de alma. Todos os membros da primeira geração de construtores de sistemas mecânicos, Gassendi, Descartes, Sir Kenelm Digby (1603-65) e Walter Charleton afirmaram que sua filosofia mecânica fornecia uma certeza muito maior da imortalidade da alma do que o aristotelismo o pudera fazer. (Hobbes, omitido nesta lista, rejeitava a possibilidade de uma alma desencarnada.) A abordagem geral de todos era essencialmente a mesma. Tendo determinado que toda mudança e dissolução eram o mero resultado da redistribuição ou da dispersão das partículas materiais que constituem um corpo, os mecanicistas puderam então inferir que a alma racional era incapaz de mudança e imortal, uma vez que, sendo imaterial, não era composta de partículas materiais [164: 72-3]. É importante notar, contudo, que esse argumento só se aplica à alma racional, que era concebida como distinguindo os seres humanos das demais criaturas. Os filósofos mecânicos tentaram explicar o funcionamento das chamadas almas vegetal e animal em termos dos movimentos de partículas particularmente sutis [101; 108; 164: caps. 2 e 9].

Descartes usou sua filosofia mecânica para endossar um dualismo extremado segundo o qual havia no mundo dois tipos de substância, *res extensa* (uma coisa ou um corpo extenso) e *res cogitans* (uma coisa pensante, mente ou alma). Acreditava-se que a mente escapava aos limites da mecânica filosófica e Descartes permaneceu essencialmente silencioso com relação a questões que colocariam à prova seus seguidores. Como essa substância imaterial poderia levar o corpo a efetuar atos deliberados da vontade? E se o fizesse, isso não resultaria a cada vez num aumento da quantidade de movimento no mundo? Esses foram problemas para o cartesianismo, mas não, ao que parece, para o próprio Descartes [89]. Assim também, as razões metafísicas de Descartes para supor a existência de uma alma ou mente desencarnada estavam carregadas de dificuldades, tendo por base pouco mais que nossa experiência inteiramente subjetiva de que existimos como seres pensantes situados dentro de um corpo que é separado (e separável) de nós tal como realmente somos [89]. O fato de Descartes, apesar dessas dificuldades, nunca ter hesitado em seu compromisso com seu sistema dualista e ter sempre parecido encará-lo como uma maneira de demonstrar a imortalidade da alma revela a influência das preocupações religiosas em seu pensamento. O mesmo certamente poderia ser dito dos outros filósofos mecânicos interessados na natureza da alma. As diferenças de detalhe das várias explicações pode ser relacionada a diferenças de perspectiva religiosa [164; 15].

Se a teoria da alma de Descartes gerou dificuldades para seu sistema, sua teoria da matéria gerou dificuldades para sua Igreja. O milagre diário da eucaristia, em que o pão era transformado no corpo de Cristo, era facilmente explicável em termos aristotélicos. As substâncias (uma combinação de matéria e forma) sempre traziam consigo vários atributos acidentais (não-essenciais), como cor, gosto e outras propriedades sensíveis. No milagre da eucaristia as propriedades do pão permaneciam, mas, afirmava-se, a substância mudava. Tendo eliminado essa concepção de corpo, Descartes atribuiu propriedades como a cor e o gosto à configuração das partículas que constituem o corpo. Para se transformar em carne, o pão teria sem dúvida de sofrer uma mudança na configuração de suas partículas e isso teria de resultar, por definição, em propriedades sensíveis diferentes.

Em face do poder da Igreja e da lealdade de Descartes à sua religião, isso exigiu algum exercício da arte do subterfúgio. Descartes tentou se esquivar dessa dificuldade de duas maneiras. Primeiro, sugeriu que a superfície do pão poderia permanecer a mesma na eucaristia, fornecendo assim aos sentidos uma fonte inalterada de informação sensorial, ao passo que o interior se convertia em carne. Alternativamente, retornou à explicação escolástica, segundo a qual a forma substancial indicava a matéria do pão, caso em que, por definição escolástica, o pão era o corpo de Cristo. Por medida de precaução, sugeriu uma combinação dessas duas explicações [49].

Descartes foi extremamente influente e sua filosofia logo ganhou numerosos adeptos, chegando a fazer avanços substanciais no currículo de algumas universidades. O problema da transubstanciação na eucaristia, contudo, acarretou a proibição de suas obras pela Congregação do Índice dos Livros Proibidos em 1663. Em 1671 uma interdição real ao ensino do cartesianismo nas universidades francesas foi emitida por Luís XIV. A oposição católica parece ter sido orquestrada em certa medida por jesuítas, mas em 1678 os oratorianos proibiram o ensino do cartesianismo em suas faculdades. A oposição à filosofia de Descartes foi a mais vigorosa interferência da Igreja católica na filosofia natural desde o caso Galileu [7]. Diferentemente de Galileu, no entanto, Descartes atraiu também a ira das autoridades protestantes. Gisbert Voetius (1588-1676), reitor calvinista da Universidade de Utrecht, nos Países Baixos, indignado com algumas das doutrinas cartesianas de Henricus Regius (1598-1679) promoveu uma bem-sucedida campanha contra o cartesianismo, como também o fizeram dois teólogos da Universidade de Leiden [89; 129].

Seria o caso de concluir, afinal, que ciência e religião são visões de mundo fundamentalmente conflitantes? Não, mais uma vez devemos resistir a uma conclusão tão indiscriminada. Não resta dúvida de que a religião foi um estímulo fundamental para o filosofar de Descartes e uma profunda influência sobre os detalhes do desenvolvimento e da forma final de seu pensamento [89; 107]. O mesmo poderia ser dito acerca de praticamente todos os outros pensadores importantes na revolução científica. Não pode haver, portanto, nenhuma incompatibilidade fundamental entre pensamento religioso e científico. Isso não impede que grandes instituições religiosas, internamente complexas e amplamente interconectadas com outras instituições políticas e sociais como são, estejam fadadas a reagir a uma desnorteante multiplicidade de fatores sociais e intelectuais. Não espanta que, na atmosfera política instável da Europa pós-Reforma, as instituições religiosas fossem por vezes levadas a agir contra a instituição florescente da nova ciência.

Segundo uma vigorosa tradição historiográfica, no entanto, há também fortes argumentos em prol do efeito *positivo* exercido sobre a germinação da ciência por um instituição religiosa particular. Foi sugerido que o inegável sucesso alcançado pela filosofia natural na Inglaterra no século XVII deveu-se, pelo menos em boa medida, à ascensão do puritanismo [151; 33; 227; 228]. Essa afirmação, contudo, encontrou, forte oposição e continua a estimular um acalorado debate.

Parte das dificuldades que os historiadores experimentam diante da tese do puritanismo-e-ciência, em particular na forma enunciada por seu principal fundador, Robert K. Merton, vem do fato de ser difícil compreender por que o puritanismo, em especial, teria fornecido um estímulo à ciência. Os fatores sugeridos, como uma preocupação com o trabalho socialmente útil, "para o alívio da situação do homem", como um meio de glorificar Deus e indicar o próprio estado de graça, um interesse pelo racionalismo mesclado com o empirismo [151], a rejeição da autoridade em favor da busca individualista da verdade [115] e maiores expectativas milenaristas associadas ao meliorismo social baconiano [228], podem todos ser vistos como relevantes para grupos não-puritanos e, em alguns casos, até para católicos.

Charles Webster foi o autor da mais vigorosa defesa dos elos entre o puritanismo e novas atitudes em face do conhecimento natural, da agricultura, do manejo de recursos, da química, da medicina e da educação durante as Guerras Civis e o Interregno [228], mas ele reconhece que seu estudo focaliza um conjunto de interesses bastante pragmáticos que nem sempre coincidem com as noções correntes do que é protocientífico [228: 517]. De fato, Webster admite que a origem da ciência moderna deve mais a uma ideologia estranha ao puritanismo, mas não diz que ideologia é essa [228: 520]. Por outro lado, mais recentemente ele salientou que uma visão de "ciência" que esteja restrita (de maneira whiggista) por preocupações atuais fatalmente excluirá as atividades e a influência dos grupos puritanos que estiveram no centro de sua pesquisa [231: 193]. Assim, se aceitarmos o modo como Webster define a ciência durante o Interregno, teremos sem dúvida uma compreensão muito mais completa das atitudes do inglês do século XVII perante o mundo natural do que se optarmos por uma definição mais próxima dos interesses dos nossos dias.

Mesmo assim, nem sempre é possível entender a partir do trabalho de Webster por que (ou mesmo se) os reformadores que ele discute deveriam ser considerados puritanos [158]. Mas isso é abrir uma outra grande questão em torno da tese puritanismo-e-ciência, a saber, quem era e quem não era puritano [158]. A tese original de Merton apresentava ao leitor um "experimento crucial", concebido para pôr a tese à prova. Ele consistia na contagem do número de puritanos que pertenceram à Royal Society (fundada em 1660, logo após a Restauração da monarquia) em seus primeiros anos [151: cap. 6], mas os críticos logo assinalaram que a amostragem de Merton foi tendenciosa. Não há dúvida de que uma investigação mais cuidadosa refutou a descrição da Royal Society em seus primeiros anos apresentada por Merton [117] e Webster declarou que a "contagem de cabeças" era contraproducente para a solução do problema [231: 199].

Apesar de suas dificuldades, a tese puritanismo-e-ciência ainda sobrevive como poderosa força historiográfica. Uma importante razão para isso é que as concepções contrárias, que enfatizam o papel do anglicanismo laudiano [218], do realismo [157] ou de uma ética hedonística-libertária [70], são ainda menos plausíveis. Além disso, aquelas concepções alternativas que se mostraram plausíveis mais parecem simples refinamentos das idéias de Merton e de Webster do que refutações. Em todos esses refinamentos da tese do puritanismo-e-ciência, o anglicanismo latitudinário desempenha o papel principal. Barbara Shapiro e outros afirmaram que a epistemologia cética dos latitudinarianos, que derivava de sua repulsa aos pronunciamentos dogmáticos sobre a verdadeira fé, vistos como geradores de discórdia, deu origem, entre filósofos anglicanos de igual tendência, a uma epistemologia cética similar na ciência e a uma metodologia empírica concomitante. O empirismo baconiano, a desconfiança da teorização preconcebida e a ênfase no factual, que foram característicos da filosofia natural inglesa dessa época, podem ser vistos, portanto, como emulações do minimalismo doutrinário e da ênfase em questões não-contenciosas de fé da teologia conciliadora do latitudinarismo [112; 202; 243; 124; 201].

Um mérito dessas afirmações é dar continuidade à inegável associação entre o latitudinarismo e a nova filosofia que pode ser discernida após a Revolução Gloriosa de 1688. Nesse período posterior, deu-se notável ênfase à filosofia natural de Isaac Newton e é inquestionável que a extraordinária preeminência de Isaac Newton e de sua filosofia natural na vida cultural da Grã-Bretanha do século XVIII deveu muito ao sucesso da chamada "santa aliança" entre essa filosofia e a apologética da Igreja Baixa anglicana [85; 125; 211; 161].

Analisamos aspectos sob os quais se poderia dizer que a religião promoveu o desenvolvimento da filosofia natural, contribuindo assim para a revolução científica (apesar de aparentes contra-exemplos, como o caso Galileu e interdições localizadas aos escritos de Descartes por razões religiosas). A história, no entanto, tem uma outra faceta. Não há dúvida de que o final do século XVI e o início do XVII viram não só as origens da ciência moderna como também as origens do ateísmo moderno. Embora o historiador dificilmente possa apontar um ateu rematado nessa época, não há dúvida de que havia entre os contemporâneos um genuíno temor de que o ateísmo estivesse se disseminando cada vez mais [119]. É claro também que as novas filosofias muitas vezes eram associadas ao ateísmo [234; 119; 15]. Não surpreende, portanto, que filósofos naturais eminentes, muitos dos quais, como vimos, eram extremamente devotos, tentassem usar suas filosofias naturais para derrotar o ateísmo, ou ao menos tentassem demonstrar que elas não eram atéias.

É na ascensão da tradição essencialmente nova da teologia física, ou teologia natural, que isso pode ser visto com maior clareza [15; 234; 37; 175]. Embora tentativas de provar a existência de Deus recorrendo à beleza, à complexidade e à ordem do mundo natural — a chamada "prova teleológica da existência de Deus" — existissem pelo menos desde o século XIII, foi apenas no século XVII que surgiram obras inteiras de história natural destinadas a provar a sabedoria e a onipotência de Deus mediante o exame minucioso da criação. Com o florescimento na nova tradição, era reiteradamente dito aos leitores que a Natureza era o outro livro de Deus e que o estudioso dedicado da natureza era semelhante a um sacerdote.

A teologia natural inspirou-se basicamente na história natural (ver Capítulo 2. ii), mas a filosofia natural logo entrou em cena. Os desenvolvimentos mais recentes na história natural derivavam freqüentemente de estudos que usavam o recém-inventado microscópio e estes pareciam fornecer fortes provas circunstanciais da verdade das filosofias naturais corpuscularistas, e portanto mecânicas [241; 37; 167; 90]. Além disso, como vimos, todos os fundadores dos novos sistemas de filosofia mecânica pretendiam especificamente que suas respectivas filosofias fornecessem um apoio à religião. Para que uma nova filosofia pudesse pretender substituir por inteiro o abrangente aristotelismo tradicional, deveria ser considerada capaz de assumir o papel de serva da religião. Assim foi que Gassendi teve muito trabalho para "batizar" Epicuro, o mais notório dos ateus da Antigüidade [164].

Na Inglaterra, a preocupação com a crescente difusão do ateísmo foi particularmente intensa durante o Interregno e a Restauração e importantes filósofos naturais adotaram muitas vezes uma linha apologética e extremamente defensiva na apresentação de suas filosofias naturais [119; 234; 116: cap. 7]. Até Robert Boyle, cuja ortodoxia nunca foi questionada, sentiu-se obrigado a justificar sua defesa da nova filosofia contra acusações de que ela era inerentemente atéia [119; 187; 120]. Boyle estava tão preocupado com isso que pouco antes de sua morte, em 1691, instituiu uma série anual de conferências mensais (as Conferências Boyle) para combater vários tipos de infidelidade, mas sobretudo o ateísmo [125; 211].

Em sua maior parte, a defesa das novas filosofias contra acusações de ateísmo concentrou-se na prova teleológica da existência de Deus, ressaltando a beleza e a complexidade da natureza e tentando demonstrar a impossibilidade de existência de intrincamentos sem a intervenção criativa de um artífice supremo [15; 37; 90; 175; 241; 234]. Houve, porém, um ou dois desdobramentos menos previsíveis. Recorrendo à tradição ainda extremamente respeitada dos estudos históricos, por exemplo, vários filósofos naturais procuraram provar que o atomismo não era uma invenção da filosofia grega pagã e sim de uma filosofia mais antiga na tradição judaico-cristã. Um fenício chamado Mochus passou a ser cada vez mais discutido em obras de estudos clássicos como o fundador do atomismo e, pelo menos em uma ocasião, foi identificado com o próprio Moisés [184]. Essa tradição foi repetidamente utilizada em defesa do atomismo por filósofos naturais ingleses ao longo de todo o século XVII.

Menos difundida, mas certamente digna de nota nos anais históricos, foi a tentativa de filiar a nova filosofia à crença na feitiçaria e nos demônios. Negar Satanás e todas as suas obras era também negar Deus. Uns poucos filósofos naturais, em seu empenho por se livrar de acusações de ateísmo, discutiram casos famosos, e nem tão famosos, de feitiçaria, aparições de fantasmas e demais indícios da existência de um reino supostamente espiritual. Como no caso dos argumentos para provar a imortalidade da alma (ver acima), era possível provar a espiritualidade desses fenômenos mostrando que eles não podiam ser explicados nos termos da filosofia mecânica. Ao se mostrar a realidade do mundo espiritual, evidenciava-se convenientemente o benefício da filosofia mecânica para a religião [119; 128; 230; 188; 203: cap. 6; 201]. Além disso, ao definir todas as formas corretamente atribuíveis da causação física no mundo, a filosofia mecânica tornava mais fácil determinar quais explicações eram ilegítimas. Bastava que uma pessoa acreditasse na eficácia de vínculos causais que os filósofos mecânicos rejeitavam como impraticáveis para que fosse vista como iludida, seja por sua própria superstição, seja por Satanás, sendo portanto culpada (nos dois casos) de se desviar de Deus. Dessa maneira, a filosofia mecânica mostrou-se útil na guerra contra a a irreligião [26; 25].

Os vários estratagemas apologéticos desenvolvidos pelos filósofos naturais ingleses em decorrência dos temores ao ateísmo da época não podem ser inteiramente isolados das intenções religiosas mais positivas que pensadores como Bacon, Boyle e Newton e muitíssimos outros cultivaram. O resultado é um conjunto sutil e complexo de interações que muitas vezes diferiam de um indivíduo para outro [119]. Por isso é importante ter conhecimento da ação recíproca do evangelismo e da apologética nas teologias naturais dos filósofos naturais do século XVII [15]. É indubitável, contudo, que a religião e a teologia desempenharam um grande papel no desenvolvimento da ciência moderna.

6

A Ciência e a Cultura mais Ampla

Ao longo deste breve estudo, assinalamos o contexto cultural e social que é tantas vezes necessário para uma compreensão dos desenvolvimentos na ciência. De influências culturais mais amplas, como a religião e a visão de mundo mágica, a aspectos mais específicos da organização social, como os que formam o pano de fundo da promoção do status de matemáticos [12; 238] ou médicos [35; 174; 18; 19; 94], dos vínculos entre idéias sobre a relação de Deus com o mundo, formas corretas de monarquia e formas legítimas de método científico [196; 140; 160; 124], até a necessidade de inovações tecnológicas recém-percebida por parte de artesãos de elite como pano de fundo do experimentalismo [9; 180; 225; 245], vimos como desenvolvimentos ocorridos nos primórdios da ciência moderna são aspectos de mudanças na cultura mais ampla. Neste capítulo final voltaremos nossa atenção para uma série de outros tópicos que foram considerados elementos importantes no pano de fundo da revolução científica.

O período da revolução científica coincide em grande medida com o começo do capitalismo moderno. A tese do puritanismo-e-ciência, tal como originalmente formulada por Robert K. Merton, foi inspirada em parte pela obra anterior do sociólogo Max Weber, que associou a suposta ética do trabalho protestante ao "espírito do capitalismo". Merton estava interessado, portanto, não apenas em crenças religiosas, mas em fatores sociais concomitantes, como a ascensão da burguesia, as origens do capitalismo e o avanço rumo à reforma política [151]. Ao considerar estímulos econômicos para o aperfeiçoamento das técnicas de mineração e tecnologias associadas relativas à introdução de ar fresco e remoção de água nas minas, melhorias no transporte, navegação e várias inovações militares, Merton estava acrescentando sua voz à de vários outros historiadores sociais e econômicos que escreveram na década de 1930 [95: cap. 1]. Desde então, muitos outros historiadores tentaram forjar elos entre o capitalismo e aspectos da nova ciência [211; 125; 124; 227; 150].

Parte de seu trabalho chamou a atenção para a ênfase dada a interesses utilitários práticos nos influentes escritos de Francis Bacon [67; 180]. Um estudo recente sobre Bacon, porém, centrou-se mais especificamente em sua crença de que a filosofia natural deveria ser capaz de fornecer apoio para o Estado imperial [145]. Para Bacon a filosofia natural deveria ser não um passatempo para reclusos em uma torre de marfim, mas um grande esforço conjugado para o "bem comum", uma "espécie de obra régia" empreendida efetivamente por um departamento de Estado com seu próprio governador régio [145; 163]. É extremamente significativo que uma das formulações mais claras de Bacon sobre como ele imaginava que esse trabalho régio deveria ser conduzido apareça em sua fábula da "Casa de Salomão", uma instituição de pesquisa governamental situada no Estado imperial de Bensalem, imaginada em sua *Nova Atlântida* (1627) [145: 135-40].

Comentadores de Bacon muitas vezes ficaram perplexos com a natureza idiossincrática de seu experimentalismo, sobretudo porque sua noção de experimento não parece corresponder à nossa. Podemos ver agora que isso se deve principalmente à crença alimentada por Bacon de que a natureza podia ser investigada pelo mesmo método que um processo num tribunal [145: 164-71; 150: 168-9; 203: 169]. Essa analogia entre o funcionamento do direito e a investigação na natureza aparece também na filosofia natural inglesa subseqüente. O método de Robert Boyle, por exemplo, foi considerado um empreendimento baconiano, modelado segundo o método do direito consuetudinário inglês, em que é possível chegar à "certeza moral" sobre as questões físicas lançando mão de experiências locais específicas, conhecimento do contexto, habilidade, perícia e razão [187: cap. 2; 201: cap. 2].

Da mesma maneira, a importância do testemunho público dos resultados experimentais, enfatizada por Boyle e outros colegas da Royal Society como garantia da confiabilidade dos pronunciamentos da sociedade, funda-se na autoridade dos procedimentos legais [201: cap. 2]. Uma das missões dos jurados num julgamento, contudo, era deliberar quanto à confiabilidade das testemunhas. Pressupunha-se que algumas testemunhas tendiam a ser mais verdadeiras que outras. Aqui, mais uma vez, demonstrou-se a relevância de considerações deste tipo para a nova filosofia ressaltando-se o etos cavalheiresco da filosofia natural inglesa na Restauração. Por diversas razões, cavalheiros eram as testemunhas mais confiáveis e verdadeiras de fenômenos naturais, e a reputação da Royal Society deveu muito à sua imagem, cuidadosamente promovida e preservada, de uma assembléia de cavalheiros [200; 201].

Assim, para Bacon, os problemas do conhecimento, isto é, o problema do melhor meio de chegar à verdade e o problema de convencer todos os observadores de que se trata da verdade, são estritamente do interesse de um estadista [145: 141]. De maneira semelhante, afirmou-se que para Boyle e outros membros destacados da Royal Society, as soluções para os problemas do conhecimento eram vistas como soluções para o problema do estabelecimento e da manutenção da ordem no Estado [201: 332]. Só a observação confiável de experimentos por cavalheiros permitia estabelecer a verdade sobre o reino físico. Nesse caso era possível dizer que a verdade fora demonstrada sem nenhuma possibilidade razoável de desacordo. Para Boyle e pensadores de igual opinião na Royal Society, a filosofia natural confiável deveria ser confinada à verificação do que era factual. Teorizações e hipóteses eram evitadas, se não de fato, pelo menos no discurso. Essa solução para o problema da dissensão na filosofia natural poderia servir de modelo para evitar os conflitos na religião e na política, que tantas perturbações haviam gerado no passado recente na Inglaterra e que continuavam a ameaçar a Restauração [201: caps. 7 e 8].

É preciso admitir, portanto, que fortes argumentos corroboram a idéia da influência de considerações sociopolíticas no desenvolvimento do método experimental na Inglaterra do século XVII. A situação política da Inglaterra era, é claro, única e extremamente específica — nenhum outro país experimentou algo semelhante à rebelião que levou às Guerras Civis, seguidas pelas instabilidades políticas do Interregno e às tensões do início da Restauração. De maneira similar, o método experimental se desenvolveu na Inglaterra, como vimos (ver Capítulo 2, ii), de maneira muito diferente da dos demais países. Tentativas recentes de mostrar o efeito real do pano de fundo religioso e político sobre o desenvolvimento do método experimental mostram que a singularidade na Inglaterra nessas duas esferas não é simples coincidência [48; 112; 202; 243].

Há também trabalhos extremamente interessantes que procuram mostrar o impacto de desenvolvimentos políticos no conteúdo intelectual efetivo da ciência inglesa. Já observamos a relevância da reforma religiosa e política e da Contra-Reforma para o sucesso do paracelsismo na Inglaterra de meados do século [149; 174; 178]. Mas a Revolução Puritana também foi considerada um fator na acentuada guinada que William Harvey deu na apresentação de suas idéias sobre o coração e o sangue, passando da ênfase no primado do coração em 1628 para a valorização do sangue em 1649. O que se sugere aqui não é que Harvey tenha se transformado, nesse meio tempo, de monarquista em republicano, mas que foi suficientemente influenciado por desenvolvimentos políticos para descrever, e talvez até para ver, o mundo natural de maneira diferente. Em 1628 Harvey dedicou seu *Disputation on the Motion of the Heart and Blood* a Carlos I, invocando o antigo paralelo entre o coração e o rei [113: 160]. Em 1649, o ano da execução de Carlos, Harvey descreve o coração em termos inteiramente funcionais. Em vez de escrever sobre a soberania do coração, Harvey fala agora do "primado e da antigüidade do sangue": "o sangue vive e é alimentado por si mesmo, em nada dependendo de qualquer outra parte do corpo, como superior ou mais valiosa que ele [113; 162]. Parece que em 1628 Harvey viu o funcionamento do coração e do sangue por analogia com a monarquia absolutista, mas que em 1649 ele pôde ver o sistema em termos mais próximos das teorias de contrato da monarquia que estavam sendo desenvolvidas, por exemplo, por seu amigo e admirador Thomas Hobbes. Agora o coração servia ao sangue, como o rei servia a seu povo.

Um experimentador tão meticuloso e cuidadoso como William Harvey poderia ter recebido tamanha influência de questões políticas? Afinal, em *De circulatione sanguinis* (1649) e *De generatione animalium* (1651), ele explica os fundamentos observacionais e experimentais de sua crença no primado do sangue. Não há dúvida disso, mas ao fazê-lo ele não corresponde à reputação que lhe foi conferida por seus hagiógrafos modernos. Sobre essa questão, os comentadores atuais divergem de Harvey: ele afirma aqui estar vendo algo que não está presente, ou vai além do que as observações efetivas autorizam. Por quê? Talvez por estar vendo o corpo em termos do corpo político. Cabe lembrar que estamos voltando os olhos para uma época em que as fronteiras entre religião, política e filosofia não estavam tão claramente demarcadas. Deus criou o mundo natural e o mundo social e, para os pensadores pré-modernos, essa mesma ordenação de categorias que se sobrepõem parecia se manifestar em ambos os mundos, e o fato percebido de que o reino político, quando apropriadamente organizado, refletia o natural, era habitualmente tomado como prova de que tudo estava bem no reino político. O que poderíamos ver como meras metáforas era visto, no período moderno inicial, como reflexo da real natureza da criação de Deus [140; 160; 217].

Não há dúvida, por exemplo, de que o simbolismo político costumava estar ligado à cosmologia, e a correta interpretação do simbolismo era freqüentemente discutida no discurso político [122]. O arranjo ptolomaico dos corpos celestes localizava o Sol, o símbolo mais comum do rei, entre os planetas, sugerindo assim que o rei e a nobreza (representada pelos planetas) partilhavam autoridade política, sendo grande parte do poder do rei mediado pelos nobres. O esquema copernicano, por outro lado, foi visto como se prestando muito facilmente ao apoio de formas mais absolutistas de monarquia. À medida que a monarquia passava a reivindicar um domínio cada vez mais absoluto, reduzindo o poder da pequena nobreza, a cosmologia copernicana se tornava ainda mais útil. Não se deveria supor que era simplesmente conveniente para os absolutistas apresentar a cosmologia copernicana como uma imagem da nova ordem: na verdade, era essencial para eles poder apresentar uma confirmação natural para suas pretensões políticas. Somente dessa maneira podiam satisfazer a expectativa geral de que, na criação de Deus, a ordem do cosmo refletiria, de maneira bastante óbvia, a ordem da sociedade. Isto não significa afirmar, porém, que Copérnico e seus seguidores desenvolveram deliberadamente sua astronomia no intuito de promover suas convicções políticas. Ainda assim, a crescente aceitação do heliocentrismo copernicano talvez possa ser tomada como uma indicação da mudança fundamental nos modos de ver a então considerada ordem *natural* das coisas.

Argumentos semelhantes, dependentes do poder ideológico da metáfora, foram usados até para explicar por que mecanismos autoreguladores ou de *feedback* não figuram de modo algum na tecnologia medieval ou do período moderno inicial. Vários mecanismos de *feedback* foram descritos na *Pneumática* do autor grego helenista Héron de Alexandria (*fl.* séc. I d.C.), obra impressa pela primeira vez em 1575 e que veio a se tornar imensamente influente, e no entanto nenhum desses mecanismos de *feedback* foi adotado, ou modificado de alguma forma [146: xv-xvi]. Mecanismos de *feedback* foram simplesmente ignorados por toda a Europa até que técnicos e engenheiros ingleses começaram a desenvolvê-los no século XVIII. Mesmo então, o restante da Europa levou algum tempo para se pôr em dia. Por que isso ocorreu?

Para compreender esse aspecto da história da tecnologia, devemos considerar a importância da chamada metáfora do relógio na cultura européia do período moderno inicial. A partir da invenção do relógio mecânico no final do século XIII, o relógio passou a ser visto, cada vez mais, como uma metáfora da ordem e da regularidade do mundo. Deus era concebido como um relojoeiro e o funcionamento do relógio mostrava a importância do cumprimento do próprio papel e da obediência ao comando do sistema; por associação, isso se tornou uma metáfora da proficiência da monarquia absoluta [146: caps. 2, 4 e 5]. A metáfora apareceu freqüentemente, é claro, nos escritos dos filósofos mecânicos: usada como maneira conveniente de ilustrar sua nova filosofia, ela servia para sustentar a visão de mundo mecânica, ao mesmo tempo em que seu apelo mais amplo era reforçado.

Na Grã-Bretanha, contudo, em particular no final do século XVII, a metáfora do relógio foi tratada com muito mais reserva e ambivalência do que no continente. O relógio sempre apareceu ali como uma metáfora da arregimentação e da compulsão irracional [146: 123-6, 99-101]. Parece justo dizer que a metáfora foi amplamente rejeitada na Grã-Bretanha pela mesma razão por que fora abraçada no continente europeu: por simbolizar a autoridade absoluta. Assim, atitudes contrastantes em relação à metáfora do relógio refletiram diferentes concepções de ordem: autoritária no continente, liberal na Grã-Bretanha.

Na segunda metade do século XVII a Grã-Bretanha tornou-se líder na fabricação de relógios na Europa, mas os relógios britânicos podem ser vistos como meramente funcionais se comparados aos pomposos e elaborados relógios da manufatura continental, que costumavam incluir autômatos que reproduziam o movimento do céu e outras elaborações da metáfora cósmica [146: cap. 1]. É como se os relojoeiros britânicos depreciassem os relógios, tal como seus compatriotas menosprezavam a metáfora do relógio. Em seguida, engenheiros britânicos foram os primeiros a desenvolver mecanismos auto-reguladores (inteiramente diversos da tecnologia mais espetacular do mecanismo do relógio) para uso em vários tipos de máquina. Aqui, novamente, talvez possamos discernir o estímulo inconsciente de idéias não examinadas sobre a ordem social correta, já que, após a Revolução Gloriosa, a teoria política e econômica britânica foi freqüentemente expressa em termos de "reduções e compensações", equilíbrio e outros termos sugestivos da auto-regulação [146: caps. 7, 8, 9 e 10].

Afirmou-se também que, se o mecanismo do relógio forneceu uma nova metáfora do cosmo, da sociedade e da filosofia natural, o mesmo pode ser dito de uma nova ênfase na sujeição e no controle das mulheres. Vários historiadores e filósofos feministas apontaram o uso de metáforas sexuais na revolução científica para exemplificar e justificar a nova abordagem à natureza [150; 24; 132]. Bacon, por exemplo, falou da natureza como de uma fêmea, sendo "obrigada a servir", posta "em sujeição" e escravizada pelo filósofo natural. De nada vale tentar agarrá-la se não se exercer controle sobre ela, ele escreveu; a Natureza deve ser capturada e seus segredos penetrados, como seus aposentos íntimos [150: 169-70; 132: 36]. De maneira semelhante, Robert Boyle falou do desejo alimentado pelos filósofos naturais de comandar a natureza, de torná-la "útil a seus fins particulares, seja de saúde, ou de posses, ou de deleite sensual" [150: 189]. Com base numa historiografia que toma as visões de mundo mágica e escolástica como holísticas e vitalistas e considera as concepções pré-mecanicistas da natureza predominantemente femininas em seu etos, esse trabalho caracteriza a visão de mundo mecânica como manipuladora, exploradora e masculina. A filosofia mecânica forneceu uma resposta para o problema da ordem cósmica e, portanto, da ordem social, mas ao fazê-lo indicou a necessidade de poder e domínio sobre a natureza [150: 215].

Não se está sugerindo que parte da razão do desenvolvimento da filosofia mecânica foi a subjugação das mulheres, nem se está afirmando que esse pretenso antifeminismo foi parte do motivo de seu sucesso. A *realpolitik* da dominação sexual certamente não precisava de nenhuma ajuda da filosofia natural. Mas as metáforas sexuais que ocorreram aos novos filósofos naturais refletiram e ajudaram a formar atitudes em face do conhecimento legítimo e dos produtores de conhecimento adequados que permanecem até hoje associadas a gênero [132; 24; 190; 200: 86-91].

As mulheres não tiveram nenhum papel neste breve esboço da revolução científica. Não porque não houve nenhuma participante mulher, mas porque a presença feminina foi tão reduzida e tão escassamente sentida que pareceu impróprio incluí-la numa análise tão breve. Somente Anne, Lady Conway (1631-79), que foi apontada como uma influência sobre Leibniz [150; 5], e Emilie du Châtelet (1706-49), cujas *Institutions de physique* (1740) e a tradução francesa dos *Principia* de Newton (1759) ajudaram a introduzir as obras de Leibniz e Newton na França [190; 213], têm o direito de reivindicar uma contribuição significativa para a revolução científica. Margaret Cavendish (1623-73), duquesa de Newcastle, publicou várias obras muito peculiares e fascinantes sobre filosofia natural, mas aparentemente só encontrou indiferença ou zombaria [190; 5; 186]. Parece que se pode afirmar, portanto, que a principal contribuição que essas mulheres e várias outras, não tão associadas aos círculos cavalheirescos que predominaram na produção da nova ciência, deram para a história foi demonstrar aos historiadores do que as mulheres foram capazes, apesar das barreiras quase intransponíveis que a sociedade erguia contra elas [5; 190; 213].

A dimensão sociopolítica da revolução científica envolve outros aspectos e sem dúvida outros mais serão detectados em pesquisas futuras. Mas uma idéia geral pode ser expressa com confiança, e é a de que não é valido sugerir que, embora possa ser utilizada para propósitos políticos, a filosofia natural por si mesma é algo pré-social e "puramente intelectual" [195]. Vimos aqui que vários aspectos da estrutura social são crucialmente relevantes para nossa compreensão das origens da ciência moderna

Isto nos leva, enfim, à conclusão ainda mais geral de que, se desejamos obter uma compreensão tão plena quanto possível da revolução científica, precisamos considerar não somente o papel da religião, da teologia, da política, da economia, da metafísica, da metodologia e questões técnicas como também a complexa interação desses fatores. Somente por meio de uma síntese tão rica podemos ter a esperança de compreender o fenômeno cultural que foi considerado "a verdadeira origem tanto do mundo moderno quanto da mentalidade moderna", e cuja importância teria reduzido o Renascimento e a Reforma "à categoria de meros episódios" [21: vii].

7

Conclusão

Escrevendo na década de 1720, Bernard Le Bovier de Fontenelle (1657-1757), secretário permanente da Académie Royale des Sciences desde 1699, chamou atenção para o desenvolvimento do cálculo infinitesimal por Newton, Leibniz, Jakob Bernoulli (1654-1705), Pierre Varignon (1654-1722) e outros e qualificou esse período de "uma época de revolução quase total na geometria" [32: 212; 21: cap. 9]. Na década de 1750, os dois editores da *Encyclopédie*, Denis Diderot (1713-84) e Jean Le Rond d'Alembert (1717-83), falaram da revolução na ciência que fora iniciada no século anterior e que viam como em prosseguimento [32: 217-20; 103: 1-2].

A principal inspiração por trás dessas percepções, no século XVIII, da ocorrência de uma mudança revolucionária na ciência era sem dúvida Isaac Newton. Os intelectuais franceses, por algum tempo indiferentes, começaram a reconhecer a superioridade de Newton sobre Descartes depois que Voltaire (1694-1778) publicou *Cartas sobre a nação inglesa* (1734) e *Elementos da filosofia de Newton* (1738) e depois que Maupertuis (1698-1759) publicou os resultados de sua tentativa de determinar a forma da Terra (1739), o que fora reconhecido como uma prova decisiva para as teorias cartesiana e newtoniana (se Descartes estava certo, a Terra deveria se assemelhar a um ovo em pé que girasse sobre sua extremidade; se Newton estava certo, deveria se assemelhar mais a um ovo que girasse sobre seu lado). Proclamado por d'Alembert, no "Discurso preliminar" à *Encyclopédie* (1751), um grande gênio que enfim estabelecera a forma correta da filosofia natural, Newton exerceu no século XVIII e posteriormente uma influência sem paralelo [99: cap. 14; 91: cap. 5; 103; 109; 125; 189]. Seus *Principia mathematica* foram considerados por toda parte o próprio modelo da nova maneira matemática de fazer física, ao passo que a *Óptica* foi tomada como um modelo de experimentalismo. Ambas as suas especulações alternativas sobre as causas dos fenômenos naturais — forças atrativas e repulsivas entre as partículas dos corpos, ou um éter sutil que impregnaria tudo, constituído de partículas repulsivas — mostraram-se influentes no desenvolvimento da química e de teorias da eletricidade, do calor e da luz [103; 109; 189]. Em razão de seu notório sucesso, o método de Newton foi também freqüentemente utilizado nas tentativas iluministas de desenvolver uma "ciência do homem" que abarcaria a psicologia sensacionista, a moralidade cívica e a economia política [91; 102; 161].

Reduzir o legado da revolução científica ao legado de Isaac Newton, contudo, seria errôneo e injusto porque, como ele próprio admitiu, só pôde ver mais longe por estar de pé sobre os ombros de gigantes. Talvez os desenvolvimentos na matemática durante o século XVIII se devam mais às realizações de Leibniz e dos irmãos Bernoulli que a Newton, cuja ascendência sobre os matemáticos britânicos parece ter conduzido a um evidente declínio (em geral atribuído à inabilidade do sistema de notação de Newton comparado com o dos matemáticos do continente) [99; 103; 91]. Também na física Newton nem sempre prevaleceu. A controvérsia *vis viva*, por exemplo, revelou que Newton não chegara à medida completa da força [99; 103; cf. também 23]. Embora a crença de Newton na presença de forças atrativas e repulsivas na matéria tenha influenciado sobre a teorização química, ela foi apenas um fio numa complexa rede de teorias e práticas anteriores de que os químicos do século XVIII lançaram mão. Se a metodologia de Newton foi usada em apoio às recém-concebidas ciências sociais, em seu conteúdo elas deveram mais a teóricos da política e da moral anteriores como William Petty (1623-87), Thomas Hobbes e John Locke [161]. Um newtonianismo médico esteve em voga no início do século XVIII, mas revelou-se efêmero e, de maneira geral, as ciências biomédicas procediam segundo linhas estabelecidas antes que o nome de Newton tivesse se tornado tão poderoso [19; 94]. Também não faltou oposição a Newton e à sua filosofia [23].

Para compreender a presença assoberbante de Newton no Iluminismo, deveríamos ter em mente que as primeiras afirmações de que ocorrera uma revolução na ciência visavam elas próprias reforçar a autoridade intelectual da filosofia natural. Homens como Fontenelle, os enciclopedistas, Voltaire e outros *philosophes* do Iluminismo tinham suas próprias razões para querer apresentar a filosofia natural como um novo sistema de conhecimento poderoso e confiável que apontava o caminho para o progresso e a melhoria da condição humana.

À falta de figuras heróicas para representar os poderes desse movimento, esses autores recorreram a Descartes para representar o racionalismo, a Bacon para representar o experimentalismo e, acima de tudo, a Newton, que representava a síntese triunfante dos dois métodos [32; cf. 50].

Não foi por mera conveniência, menos ainda por coincidência, que os intelectuais do iluminismo viram na filosofia natural um meio de promover sua própria crença no poder da razão e da experiência e na força e confiabilidade dos argumentos naturalistas. Afinal, eles eram os herdeiros imediatos das mudanças radicais produzidas na vida intelectual pelo período que começaram a ver como uma revolução científica. Em última análise, portanto, é possível concluir que o próprio fato de terem passado a ver a filosofia natural dessa maneira, ousando até esperar que ela pudesse ser usada na elaboração de leis para a correta ordenação e governo da sociedade, é por si só indicativo de que ocorrera de fato uma revolução na ordenação do conhecimento. A revolução científica se consumara.

Bibliografia

Com uma ou duas exceções, a lista que se segue restringe-se às chamadas fontes secundárias — fontes escritas por historiadores sobre o passado. Para uma compreensão adequada das antigas concepções do mundo natural, porém, nada substitui a leitura das fontes primárias — textos escritos pelos próprios cientistas. As principais obras de todos os expoentes da história da ciência podem ser facilmente encontradas em tradução inglesa e devem ser consultadas por quem deseja obter um entendimento completo de seus interesses e métodos. Em alguns casos, há também edições de textos manuscritos e de correspôndencias que proporcionam fontes capitais para a compreensão histórica.

Além das fontes secundárias mencionadas aqui, há vários outros guias úteis. Há artigos importantes sobre todos os cientistas mencionados neste livro, juntamente com bibliografias, em C.C. Gillispie (org.), *Dictionary of Scientific Biography*, 16 volumes (Nova York: Scribners, 1970-80). Para indicações preliminares sobre vários tópicos, consultar W.F. Bynum, E.J. Browne e R. Porter (orgs.), *Dictionary of the History of Science* (Londres: Macmillan, 1981). Levantamentos úteis da literatura (até suas datas de publicação!) são fornecidos por P. Corsi e P. Weindling, *Information Sources in the History of Science and Medicine* (Londres: Butterworth Scientific, 1983) e P.T. Durbin (org.), *A Guide to the Culture of Science, Technology, and Medicine* (Nova York: Free Press, 1980). Aqueles interessados na historiografia da revolução científica devem consultar H. Floris Cohen, *The Scientific Revolution: A Historiographical Inquiry* (Chicago: University of Chicago Press, 1994).

[1] H.B. Adelman, *Marcello Malpighi and the Evolution of Biology*, 5 vols. (Ithaca: Cornell University Press, 1966). Vasta edição de obras de Mal-

pighi que inclui uma biografia intelectual (v.1) e um estudo da história da embriologia (v.2).

[2] E.J. Aiton, *The Vortex Theory of Planetary Motions* (Londres: Macdonald, 1972). Exposição clássica da cosmologia cartesiana.

[3] E.J. Aiton, *Leibniz — A Biography* (Bristol: Adam Hilger, 1989). A mais completa exposição da vida e obra de Leibniz, mas precisa ser suplementada por estudos mais analíticos [17, 84, 179].

[4] H.G. Alexander (org.), *The Leibniz Clarke Correspondence* (Manchester: Manchester University Press, 1956). Importante troca de cartas entre Leibniz e o porta-voz de Newton, Samuel Clarke, com útil introdução do organizador.

[5] Margaret Alic, *Hypatia's Heritage: a History of Women in Science from Antiquity through the Nineteenth Century* (Londres: Women's Press, 1986). Estudo do envolvimento das mulheres na história da ciência.

[6] Agnes Arber, *Herbals: Their Origin and Evolution. A Chapter in the History of Botany* (Cambridge: Cambridge University Press (1912), 3ª ed., com introdução e notas de W.T. Stearn, 1986). Ainda o melhor estudo de tratados sobre ervas e sua importância.

[7] William B. Ashworth, Jr., "Catholicism and Early Modern Science", em D. C. Lindberg e R. Numbers (orgs.), *God and Nature: Historical Essays on the Encounter between Christianity and Science* (Berkeley: University of California Press, 1986), pp.136-65. Breve e excelente estudo da relação entre católicos e ciência após Galileu.

[8] William B. Ashworth, Jr., "Natural History and the Emblematic World View", em David C. Lindberg e Robert S. Westman, *Reappraisals of the Scientific Revolution* (Cambridge: Cambridge University Press, 1980), pp.303-32. Importante artigo sobre a história e a relevância da história natural antes e durante a revolução científica.

[9] J.A. Bennett, "The Mechanics' Philosophy and the Mechanical Philosophy", *History of Science*, 24 (1986), 1-28. Ensaio revisionista que defende o papel dos matemáticos na determinação do método experimental e da filosofia mecânica.

[10] J.A. Bennett, "The Challenge of Practical Mathematics", em S. Pumfrey, P. Rossi e M. Slawinski (orgs.), *Science, Culture and Popular Belief in Renaissance Europe* (Manchester: Manchester University Press, 1991), pp.176-90. Útil suplemento a [9].

[11] Klaas van Berkel, "Intellectuals against Leeuwenhoek: Controversies about the Methods and Styles of a Self-Taught Scientist", em [167], pp.187-209. Fascinante descrição das reações dos contemporâneos de Leeuwenhoek a ele e à sua obra. Mostra o papel dos fatores sociais na vida intelectual.

[12] Mario Biagioli, "The Social Status of Italian Mathematicians, 1450-1600", *History of Science*, 27 (1989), 41-95. Excelente levantamento preliminar dos fatores envolvidos na mudança de status dos matemáticos. Inclui uma bibliografia três vezes maior do que esta.

[13] Mario Biagioli, *Galileo, Courtier: The Practice of Science in the Culture of Absolutism* (Chicago: Chicago University Press, 1993). Vívida descrição do contexto social da época de Galileu, mostrando como este influiu no conteúdo efetivo de sua ciência. Talvez exagere a medida em que Galileu desempenhou seu papel de cortesão.

[14] J. Bruce Brackenridge, "Kepler, Elliptical Orbits, and Celestial Circularity: A Study in the Persistence of Metaphysical Commitment", *Annals of Science*, 39 (1982), 117-43 e 265-95. Exposição detalhada mas concisa sobre Kepler e a harmonia das esferas.

[15] John Hedley Brooke, *Science and Religion: Some Historical Perspectives* (Cambridge: Cambridge University Press, 1991). O mais completo e nuançado estudo das interações entre ciência e religião.

[16] Harcourt Brown, *Scientific Organization in Seventeenth-Century France* (Baltimore: Johns Hopkins University Press, 1934). Estudo antigo mas ainda útil da institucionalização da ciência.

[17] Stuart Brown, *Leibniz* (Hassocks: Harvester Press, 1984). Útil exame das maiores preocupações filosóficas de Leibniz.

[18] Theodore M. Brown, "The College of Physicians and the Acceptance of Iatromechanism in England, 1665-1695", *Bulletin of the History of Medicine*, 44 (1970), 12-30. Explica por que a filosofia mecânica se tornou importante para as aspirações profissionais dos médicos.

[19] Theodore M. Brown, "From Mechanism to Vitalism in Eighteenth-Century English Physiology", *Journal of the History of Biology*, 7 (1974), 179-216. Detalha as razões intelectuais e sociais do declínio do mecanicismo na teoria médica.

[20] Barry Brundell, *Pierre Gassendi: From Aristotelianism to a New Natural Philosophy* (Dordrecht: D. Reidel, 1987). Relato detalhado do modo como Gassendi desenvolveu o atomismo para substituir todos os aspectos do aristotelismo.

[21] Herbert Butterfield, *The Origins of Modern Science, 1300-1800*. 2ª ed. (Londres: Bell, 1957). Estudo clássico muitas vezes relegado mas ainda muito útil, e não apenas para se compreender as preocupações de historiadores da ciência subseqüentes.

[22] Jerome Bylebyl, "The School of Padua: Humanistic Medicine in the Sixteenth Century", em C. Webster (org.), *Health, Medicine and Mortality in the Sixteenth Century* (Cambridge: Cambridge University Press, 1979), pp.156-69. Boa exposição da importância intelectual e metodológica da anatomia nas mais importantes escolas de medicina da Europa.

[23] Geoffrey Cantor, "Anti-Newton", em J. Fauvel, R. Flood, M. Shortland e R. Wilson (orgs.), *Let Newton Be!* (Oxford: Oxford University Press, 1988), pp.203-21. Análise concisa porém esclacedora da oposição feita a Newton no século XVIII e de suas razões.

[24] J.R.R. Christie, "Feminism and the History of Science", em R.C. Olby et al. (orgs.), *Companion to the History of Modern Science* (Londres:

Routledge, 1990), pp.100-9. Breve levantamento das abordagens feministas à história da ciência. Sugere leituras adicionais.

[25] Stuart Clark, "The Scientific Status of Demonology", em [222], pp.351-74. Oferece visões surpreendentes e importantes da natureza da teoria mágica do período moderno inicial.

[26] Stuart Clark, "The Rational Witchfinder: Conscience, Demonological Naturalism and Popular Superstition", em S. Pumfrey, P. Rossi e M. Slawinski (orgs.), *Science, Culture and Popular Belief in Renaissance Europe* (Manchester: Manchester University Press, 1991), pp.22-48. Valiosa descrição do pano de fundo social e religioso das primeiras tentativas modernas de definir a causalidade natural.

[27] Antonio Clericuzio, "A Redefinition of Boyle's Chemistry and Corpuscular Philosophy", *Annals of Science*, 47 (1990), 561-89. Importante artigo mostrando que a teoria da matéria de Boyle não pode ser compreendida em termos mecanicistas.

[28] Antonio Clericuzio, "From van Helmont to Boyle: A Study of the Transmission of Helmontian Chemical and Medical Theories in Seventeenth-Century England", *BJHS*, 26 (1993), 303-34. Útil estudo do papel da teorização química no desenvolvimento da nova filosofia na Inglaterra.

[29] Nicholas H. Clulee, *John Dee's Natural Philosophy: Between Science and Religion* (Londres: Routledge, 1988). A melhor apresentação de John Dee e um excelente estudo do papel da magia no surgimento da ciência moderna.

[30] V. Coelho (org.), *Music and Science in the Age of Galileo* (Dordrecht: Kluwer Academic, 1992). Excelente coletânea de ensaios mostrando a íntima conexão entre música e filosofia natural.

[31] I.B. Cohen, "The *Principia*, Universal Gravitation, and the 'Newtonian Style', in Relation to the Newtonian Revolution in Science", em Z. Bechler (org.), *Contemporary Newtonian Research* (Dordrecht: Reidel, 1982), pp.21-108. Apresenta a metodologia de Newton como uma maneira característica e revolucionária de fazer filosofia natural.

[32] I.B. Cohen, *Revolutions in Science* (Cambridge, Mass.: Harvard University Press, 1985). Uma história do conceito de revolução científica entre os historiadores. Repleto de material fascinante.

[33] I.B. Cohen (org.), *Puritanism and the Rise of Modern Science: The Merton Thesis* (New Brunswick: Rutgers University Press, 1990). Útil compilação de artigos a favor e contra a tese do puritanismo-e-ciência, com uma bibliografia.

[34] H. Floris Cohen, *Quantifying Music: The Science of Music at the First Stage of the Scientific Revolution, 1580-1650* (Dordrecht: Reidel, 1984). Exame completo das teorias musicais dos mais importantes filósofos naturais e sua importância.

[35] Harold J. Cook, *The Decline of the Old Medical Regime in Stuart London* (Ithaca, NY: Cornell University Press, 1986). Excelente história do English

Royal College of Physicians que permite também uma compreensão mais ampla da relação entre a medicina e a filosofia natural.

[36] Harold J. Cook, "The New Philosophy in the Low Countries", em R. Porter e M. Teich (orgs.), *The Scientific Revolution in National Context* (Cambridge: Cambridge University Press, 1992), pp.115-49. Bom exame da ciência nos Países Baixos numa antologia em geral muito útil.

[37] Harold J. Cook, "The Cutting Edge of a Revolution? Medicine and Natural History near the Shores of the North Sea", em J.V. Field e F.A.J.L. James, *Renaissance and Revolution: Humanists, Scholars, Craftsmen and Natural Philosophers in Early Modern Europe* (Cambridge: Cambridge University Press, 1993), pp.45-61. Bem fundamentada argumentação para lembrar a importância das ciências não-matemáticas na revolução científica.

[38] Brian Copenhaver, "Astrology and Magic", em C.B. Schmitt e Q. Skinner (orgs.), *The Cambridge History of Renaissance Philosophy* (Cambridge: Cambridge University Press, 1988), pp.264-300. Breve estudo excelente mas difícil.

[39] Brian Copenhaver, "Natural Magic, Hermetism, and Occultism in Early Modern Science", em D.C. Lindberg e R.S. Westman (orgs.), *Reappraisals of the Scientific Revolution* (Cambridge: Cambridge University Press, 1990), pp.261-302. Procura identificar e elucidar diferenças entre a magia, o ocultismo e o hermetismo.

[40] Lesley B. Cormack, "Twisting the Lion's Tail: Practice and Theory at the Court of Henry Prince of Wales", em [155], pp.67-83. Estudo de caso que ilustra claramente o papel do patronato na filosofia natural.

[41] A.C. Crombie, *Robert Gosseteste and the Origins of Modern Science* (Oxford: Clarendon Press, 1953). Importante estudo de um expoente da ciência medieval segundo o qual as origens do experimentalismo são anteriores à revolução científica.

[42] A.C. Crombie, *Augustine to Galileo*, 2 vols. (Londres: Heinemann, 1959). Importante afirmação da tese da continuidade e um bom guia para os desdobramentos iniciais na revolução científica.

[43] Michael J. Crowe, *Theories of the World from Antiquity to the Copernican Revolution* (Nova York: Dover, 1990). Breve, simples e boa descrição de alguns aspectos técnicos da astronomia ptolomaica e copernicana.

[44] Andrew Cunningham, "Fabricius and the 'Aristotle project' in Anatomical Teaching and Research at Padua", em A. Wear, R.K. French e I.M. Lonie (orgs.), *The Medical Renaissance of the Sixteenth Century* (Cambridge: Cambridge University Press, 1985), pp.195-222. Revelador artigo sobre a formação aristotélica de Harvey.

[45] Andrew Cunningham, "William Harvey: The Discovery of the Circulation of the Blood", em Roy Porter (org.), *Man Masters Nature: 25 Centuries of Science* (Londres: BBC Books, 1987), pp.65-76. Artigo primoroso que explica a realização de Harvey clara e sucintamente.

[46] Peter Dear, "*Totius in verba*: Rhetoric and Authority in the Early Royal Society", *Isis*, 76 (1985), 145-61. Exposição clara e sucinta da importância das exigências metodológicas para o sucesso da filosofia experimental e da Royal Society.

[47] Peter Dear, *Mersenne and the Learning of the Schools* (Ithaca, NY: Cornell University Press, 1988). Estudo de uma figura relevante na revolução científica com importantes lições sobre a mudança de atitudes para com a matemática e o experimento.

[48] Peter Dear, "Miracles, Experiments and the Ordinary Course of Nature", *Isis*, 81 (1990), 663-83. Sugestiva exposição das diferenças entre o método experimental inglês e o continental.

[49] Peter Dear, "The Church and the New Philosophy", em S. Pumfrey, P.L. Rossi e M. Slawinski (orgs.), *Science, Culture and Popular Belief in Renaissance Europe* (Manchester: Manchester University Press, 1991), pp.119-39. Breve e excelente estudo que inclui uma análise do caso Galileu.

[50] Peter Dear, *Discipline and Experience: The Mathematical Way in the Scientific Revolution* (Chicago: University of Chicago Press, 1995). Reapresentação mais completa do material e dos temas em [47 e 48]. Importante exposição das mudanças na autoridade intelectual.

[51] A.G. Debus, *The English Paracelsians* (Londres: Oldbourne, 1965). História das idéias de Paracelso na Inglaterra até 1640.

[52] A.G. Debus, *Science and Education in the Seventeenth Century: The Webster-Ward Debate* (Londres: Macdonald, 1970). Apresenta e reproduz a polêmica entre John Webster e Seth Ward em torno do currículo das universidades inglesas.

[53] A.G. Debus, *Man and Nature in the Renaissance* (Cambridge: Cambridge University Press, 1978). Exame da revolução científica que dá mais atenção às idéias mágicas e químicas que às ciências físicas [21, 55, 235].

[54] A.G. Debus, *The French Paracelsians: The Chemical Challenge to Medical and Scientific Tradition in Early Modern France* (Cambridge: Cambridge University Press, 1991). Interessado sobretudo no uso da química na medicina, mas com coisas interessantes a dizer sobre as origens da química como disciplina autônoma.

[55] E.J. Dijksterhuis, *The Mechanization of the World Picture* (Oxford: Oxford University Press, 1961). Estudo clássico da revolução científica concentrado nas ciências físicas e matemáticas.

[56] Betty Jo Teeter Dobbs, *The Foundations of Newton's Alchemy: Or, "The Hunting of the Greene Lyon"* (Cambridge: Cambridge University Press, 1975). Excelente estudo da alquimia de Newton e seu contexto.

[57] Betty Jo Teeter Dobbs, *The Janus Faces of Genius: The Role of Alchemy in Newton's Thought* (Cambridge: Cambridge University Press, 1991). Recente reafirmação do papel da alquimia no pensamento de Newton. Mais complexo que [56]; esplêndido na dimensão religiosa.

[58] Stillman Drake, *Galileo Studies: Personality, Tradition and Revolution* (Ann Arbor: University of Michigan Press, 1970). Coletânea de estudos por um dos mais renomados especialistas na ciência de Galileu.

[59] Stillman Drake, *Galileo at Work: His Scientific Biography* (Chicago: University of Chicago Press, 1978). Estudo extremamente detalhado da obra de Galileu.

[60] J.L.E. Dreyer, *History of Astronomy from Thales to Kepler*, 2ª ed. (Nova York: Dover, 1953). Estudo clássico ainda útil na elucidação de detalhes técnicos da astronomia.

[61] William Eamon, "Technology as Magic in the Late Middle Ages and the Renaissance", *Janus* (1983), 171-212. Estudo revelador do papel da tecnologia na história da magia natural.

[62] William Eamon, *Science and the Secrets of Nature: Books of Secrets in Medieval and Early Modern Culture* (Princeton: Princeton University Press, 1994). Magnífico estudo do papel das tradições mágicas na formação da ciência moderna.

[63] Norma E. Emerton, *The Scientific Reinterpretation of Form* (Ithaca, NY: Cornell University Press, 1984). Descrição detalhada dos desenvolvimentos técnicos na teoria da matéria da Idade Média até o século XIX, mas com grande ênfase na revolução científica.

[64] R.J.W. Evans, *Rudolf II and his World: A Study in Intellectual History, 1576-1612* (Oxford: Clarendon Press, 1973). Inclui excelente análise da importância das tradições mágicas para Rodolfo II (cap. 6).

[65] R.J.W. Evans, *The Making of the Habsburg Monarchy, 1550-1700* (Oxford: Clarendon Press, 1979). Considera a importância das artes ocultas na corte dos Habsburgo até o final do século XVII.

[66] Annibale Fantoli, *Galileo: For Copernicus and for the Church*, trad. G.V. Coyne (Estado da Cidade do Vaticano: Vatican Observatory Publications/Notre Dame: University of Notre Dame Press, 1994). A mais completa exposição das dificuldades de Galileu com a Igreja desde a de Santillana [185].

[67] Benjamin Farrington, *Francis Bacon, Philosopher of Industrial Science* (Nova York: Collier Books, 1961). Exposição clássica da tentativa de Bacon de reformar a filosofia natural. Muito útil.

[68] Mordechai Feingold, "The Occult Tradition in the English Universities of the Renaissance: *A Reassessment*", em [222], pp. 73-94. Exame breve mas sugestivo.

[69] Mordechai Feingold, *The Mathematician's Apprenticeship: Science, Universities and Society in England, 1560-1640* (Cambridge: Cambridge University Press, 1984). Rico estudo da filosofia natural em Oxford e Cambridge no período moderno inicial.

[70] Lewis Feuer, *The Scientific Intellectual: The Psychological and Sociological Origins of Modern Science* (Nova York: Basic Books, 1963). Alternativa talvez injustamente negligenciada à tese do puritanismo-e-ciência.

[71] J.V. Field, *Kepler's Geometrical Cosmology* (Londres: Athlone, 1988). A melhor abordagem à cosmologia de Kepler, mas não discute a *Astronomia nova.*

[72] Paula Findlen, *Possessing Nature: Museums, Collecting and Scientific Culture in Early Modern Italy* (Berkeley: University of California Press, 1994). História da história natural e de desenvolvimentos metodológicos associados. Enfatiza também o contexto social.

[73] James E. Force, *William Whiston: Honest Newtonian* (Cambridge: Cambridge University Press, 1985). Excelente apresentação de um eminente newtoniano.

[74] Daniel Fouke, "Mechanical and 'Organical' Models in Seventeenth Century Explanations of Biological Reproduction", *Science in Context*, 3 (1989), 365-82. Útil exame de uma área problemática para a filosofia mecânica.

[75] Robert G. Frank, *Harvey and the Oxford Physiologists: Scientific Ideas and Social Interaction* (Berkeley: University of California Press, 1980). Magnífico estudo das primeiras colaborações e rivalidades científicas em um relato completo dos desenvolvimentos em fisiologia.

[76] Roger French, "The Anatomical Tradition", em W.F. Bynum e Roy Porter (orgs.), *Companion Encyclopaedia of the History of Medicine*, 2 vols. (Londres: Routledge, 1993), I, pp.81-101. Breve exame do ensino de anatomia.

[77] Roger French, *William Harvey's Natural Philosophy* (Cambridge: Cambridge University Press, 1995). Estudo detalhado do desenvolvimento do método de Harvey e do impacto de sua obra na época.

[78] Alan Gabbey, "Force and Inertia in the Seventeenth Century: Descartes and Newton", em [87], pp.230-320. Útil e concisa discussão das idéias de Descartes e Newton sobre força e inércia, mas sobre Descartes ver também [106].

[79] Alan Gabbey, "Newton and Natural Philosophy", em R.C. Olby, G.N. Cantor, J.R.R. Christie e M.J.S. Hodge (orgs.), *Companion to the History of Modern Science* (Londres: Routledge, 1990), pp.243-63. Breve e excelente apanhado sobre Newton e sua significação.

[80] Alan Gabbey, "Newton's *Mathematical Principles of Natural Philosophy*: A Treatise of Mechanics?", em P. Harman e A. Shapiro (orgs.), *The Investigation of Difficult Things: Essays on Newton and the History of the Exact Sciences* (Cambridge: Cambridge University Press, 1992), pp.305-22. Discute a alteração do significado da mecânica na revolução científica.

[81] Alan Gabbey, "Between *ars* and *philosophia naturalis*: Reflections on the Historiography of Early Modern Mechanics", em J.V. Field e F.A.J.L. James (orgs.), *Renaissance and Revolution: Humanists, Scholars, Craftsmen and Natural Philosophers in Early Modern Europe* (Cambridge: Cambridge University Press, 1993), pp.133-45. Breve e importante discussão da alteração do significado da mecânica na revolução científica.

[82] Galileu Galilei, *Siderius Nuncius, or the Sidereal Messenger*, trad. e org. Albert Van Helden (Chicago: University of Chicago Press, 1989). Ótima edição de um texto seminal.

[83] Daniel Garber, "Descartes' Physics", em John Cottingham (org.), *The Cambridge Companion to Descartes* (Cambridge: Cambridge University Press, 1992), pp.286-334. Breve sumário, muito útil, da filosofia natural de Descartes.

[84] Daniel Garber, "Leibniz: Physics and Philosophy", em Nicholas Jolley (org.), *The Cambridge Companion to Leibniz* (Cambridge: Cambridge University Press, 1995), pp.270-352. Breve e esplêndida apresentação da filosofia natural de Leibniz.

[85] John Gascoigne, *Cambridge in the Age of Enlightenment: Science, Religion and Politics from the Restoration to the French Revolution* (Cambridge: Cambridge University Press, 1989). Boa exposição da "santa aliança" entre o newtonianismo e o anglicanismo, rica em detalhes sobre Cambridge.

[86] John Gascoigne, "A Reappraisal of the Role of the Universities in the Scientific Revolution", em D.C. Lindberg e R.S. Westman (orgs.), *Reappraisals of the Scientific Revolution* (Cambridge: Cambridge University Press, 1990), pp.207-60. Criteriosa reavaliação de uma área controversa.

[87] Stephen Gaukroger (org.), *Descartes: Philosophy, Mathematics and Physics* (Hassocks, Sussex: Harvester Press, 1980). Antologia que se concentra em Descartes como filósofo natural.

[88] Stephen Gaukroger, "Descartes' Project for a Mathematical Physics", em [87], pp.97-140. Clara exposição do alcance da obra de Descartes na geometria.

[89] Stephen Gaukroger, *Descartes: An Intellectual Biography* (Oxford: Clarendon Press, 1995). O tratamento mais completo da vida e da obra de Descartes.

[90] Neal C. Gillespie, "Natural History, Natural Theology and Social Order: John Ray and the 'Newtonian Ideology'", *Journal of the History of Biology*, 20 (1987), 1-49. Estudo detalhado da fusão da história natural e da teologia natural no final do século XVII e o uso que delas foi feito na apologética social e religiosa.

[91] C.C. Gillispie, *The Edge of Objectivity: An Essay in the History of Scientific Ideas* (Princeton: Princeton University Press, 1960). Estudo clássico que se inicia com quatro capítulos concisos e eruditos sobre a revolução científica.

[92] Penelope Gouk, "The Harmonic Roots of Newtonian Science", em J. Fauvel, R. Flood, M. Shortland e R. Wilson (orgs.), *Let Newton Be!* (Oxford: Oxford University Press, 1988), pp.101-26. Interessante exposição de um aspecto pouco conhecido da obra de Newton.

[93] Edward Grant, *Much Ado About Nothing: Theories of Space and Vacuum from the Middle Ages to the Scientific Revolution* (Cambridge: Cambridge

University Press, 1981). Um história contada por quem está longe de ser bobo, significando muito mais que nada.

[94] Anita Guerrini, "Isaac Newton, George Cheyne and the *Principia Medicinae*", em Roger French e Andrew Wear, *The Medical Revolution of the Seventeenth Century* (Cambridge: Cambridge University Press, 1989), pp.222-45. Útil indicador do impacto de Newton na teoria médica.

[95] Richard W. Hadden, *On the Shoulders of Merchants: Exchange and the Mathematical Conception of Nature in Early Modern Europe* (Albany: State University of New York Press, 1994). Tentativa mais recente de defender a idéia das origens capitalistas da "visão de mundo matemático-mecanicista".

[96] Roger Hahn, *The Anatomy of a Scientific Institution: The Paris Academy of Sciences, 1666-1803* (Berkeley: University of California Press, 1971). Concentra-se nos desenvolvimentos posteriores ao período da revolução científica, mas ainda assim uma importante introdução a seu tema.

[97] A.R. Hall, *Philosophers at War: The Quarrel between Newton and Leibniz* (Cambridge: Cambridge University Press, 1980). A mais completa exposição da disputa da prioridade em relação ao cálculo.

[98] A.R. Hall, "On Whiggism", *History of Science*, 21 (1983), 45-59. Interessante discussão de um problema historiográfico importante para os historiadores da ciência.

[99] A.R. Hall, *The Revolution in Science, 1500-1750* (Londres: Longman, 1983). O melhor livro de introdução a nosso tópico.

[100] A.R. Hall, *Isaac Newton, Adventurer in Thought* (Oxford: Blackwell, 1993). Biografia útil, organizada de modo a fazer uma boa descrição cronológica da obra mais importante de Newton, mas não resulta num retrato tão completo, abragente e equilibrado quanto o de Westfall [236].

[101] Thomas S. Hall, *History of General Physiology, 600 BC to AD 1900*, 2 vols. (Chicago: University of Chicago Press, 1969). Completo e útil exame das questões e desenvolvimentos técnicos.

[102] Thomas L. Hankins, "Eighteenth-Century Attempts to Resolve the *vis viva* Controversy", *Isis*, 56 (1965), pp.281-97. Bom sumário de desenvolvimentos.

[103] Thomas L. Hankins, *Science and the Enlightenment* (Cambridge: Cambridge University Press, 1985). Excelente exame da ciência no Iluminismo, o período que se seguiu imediatamente à revolução científica.

[104] Thomas L. Hankins e Robert J. Silverman, *Instruments and the Imagination* (Princeton: Princeton University Press, 1995). Os capítulos de abertura dessa ampla análise mostram os vínculos entre a tradição mágica e o início do desenvolvimento dos instrumentos científicos.

[105] Owen Hannaway, "Laboratory Design and the Aim of Science: Andreas Libavius versus Tycho Brahe", *Isis*, 77 (1986), 585-610. Estudo finamente nuançado de diferentes concepções de laboratórios de pequisa alquímica derivadas de diferentes crenças sobre a natureza da ciência.

[106] Gary Hatfield, "Force (God) in Descartes' Physics", *Studies in History and Philosophy of Science*, 10 (1979), 113-40. Importante estudo da natureza da força na filosofia de Descartes.

[107] Gary Hatfield, "Metaphysics and the New Science", em D.C. Lindberg e R.S. Westman, *Reappraisals of the Scientific Revolution* (Cambridge: Cambridge University Press, 1990), pp.93-166. Exposição excelente mas árdua do papel da especulação metafísica, ou da sua ausência, em Copérnico, Kepler, Descartes e Galileu.

[108] Gary Hatfield, "Descartes' Physiology and its Relation to his Psychology", em John Cottingham (org.), *The Cambridge Companion to Descartes* (Cambridge: Cambridge University Press, 1992), pp.335-70. Breve e útil exposição das idéias de Descartes sobre o corpo e sua relação com a mente.

[109] John L. Heilbron, *Electricity in the Seventeenth and Eighteenth Centuries: A Study in Early Modern Physics* (Berkeley: University of California Press, 1979). A melhor exposição de seu tema; bom também no tocante às ciências físicas em geral.

[110] John Henry, "Occult Qualities and the Experimental Philosophy: Active Principles in pre-Newtonian Matter Theory", *History of Science*, 24 (1986), 335-81. Sugere que Newton não foi o único no uso dos supostos "princípios ativos" na matéria.

[111] John Henry, "Magic and Science in the Sixteenth and Seventeenth Centuries", em R.C. Olby et al. (orgs.), *Companion to the History of Modern Science* (Londres: Routledge, 1990), pp.583-96. Breve e útil exame, embora talvez excessivamente simplificado, do papel da magia nas origens da ciência moderna.

[112] John Henry, "The Scientific Revolution in England" , em R. Porter e M. Teich (orgs.), *The Scientific Revolution in National Context* (Cambridge: Cambridge University Press, 1992), pp.178-210. Procura elucidar o papel da religião na conformação da filosofia experimental na Inglaterra.

[113] Christopher Hill, "William Harvey and the Idea of Monarchy", em [227], pp.160-81. Propõe idéias ousadamente sugestivas sobre o impacto de desdobramentos políticos nas idéias de Harvey sobre o coração e o sangue.

[114] William L. Hine, "Marin Mersenne: Renaissance Naturalism and Renaissance Magic", em [222], pp.165-76. Procura distinguir entre explanações naturalistas (ainda que ocultas) e outras supostamente mais demoníacas. Deve ser comparado com os ensaios de Clarke [25; 26].

[115] R. Hooykaas, *Religion and the Rise of Modern Science* (Edimburgo: Scottish Academic Press, 1973). Estudo clássico da relação entre a teologia protestante e a ciência moderna inicial.

[116] Michael Hunter, *Science and Society in Restoration England* (Cambridge: Cambridge University Press, 1981). Excelente introdução aos principais temas da historiografia da ciência inglesa no final do século XVII. Inclui um ensaio bibliográfico muito útil.

[117] Michael Hunter, *The Royal Society and Its Fellows, 1660-1700: The Morphology of an Early Scientific Institution*, 2ª ed. (Faringdon, Oxon: British Society for the History of Science, 1994). Exame prosopográfico meticulosamente detalhado dos membros da Royal Society.

[118] Michael Hunter, *Establishing the New Science: The Experience of the Early Royal Society* (Woodbridge, Suffolk: Boydell Press, 1989). Importante e densa coletânea de ensaios sobre vários aspectos da Royal Society em seus primórdios.

[119] Michael Hunter, "Science and Heterodoxy: An Early Modern Problem Reconsidered", em D.C. Lindberg e R.S. Westman, *Reappraisals of the Scientific Revolution* (Cambridge: Cambridge University Press, 1990), pp.437-60. Breve e excelente exposição dos temores ao ateísmo na Inglaterra do século XVII.

[120] Michael Hunter (org.), *Robert Boyle Reconsidered* (Cambridge: Cambridge University Press, 1994). Útil coletânea de ensaios sobre diferentes aspectos da obra e da importância de Boyle.

[121] Keith Hutchison, "What Happened to Occult Qualities in the Scientific Revolution?" *Isis*, 73 (1982), 233-53. Texto revisionista sobre a natureza das qualidades ocultas. Leitura essencial para a compreensão da filosofia mecânica e do papel da magia na revolução científica.

[122] Keith Hutchison, "Towards a Political Iconology of the Copernican Revolution", em Patrick Curry (org.), *Astronomy, Science and Society* (Woodbridge, Suffolk: Boydell Press, 1987), pp.95-141. Interessante tentativa de mostrar a força do simbolismo político na aceitação da teoria copernicana.

[123] Carolyn Iltis, "The Leibnizian-Newtonian Debates: Natural Philosophy and Social Psychology", *British Journal for the History of Science*, 6 (1973), 343-77. Fascinante apresentação da controvérsia *vis viva* mostrando que ela se baseou num choque fundamental de visões de mundo.

[124] James R. Jacob e Margaret C. Jacob, "The Anglican Origins of Modern Science: The Metaphysical Foundations of the Whig Constitution", *Isis*, 71 (1980), 251-67. Sugestivo ensaio proposto como um refinamento da tese do puritanismo-e-ciência.

[125] Margaret C. Jacob, *The Newtonians and the English Revolution, 1689-1720* (Ithaca, NY: Cornell University Press/Hassocks: Harvester Press, 1976). Discute o contexto social e político da ascensão do newtonianismo. A melhor exposição das Conferências Boyle.

[126] Nicholas Jardine, *The Birth of History and Philosophy of Science: Kepler's* A Defence of Tycho against Ursus *with Essays on its Provenance and Significance* (Cambridge: Cambridge University Press, 1984). Importante contribuição para o entendimento de atitudes em mudança para com a autoridade intelectual da matemática.

[127] Nicholas Jardine, "Epistemology of the Sciences", in C.B. Schmitt e Q. Skinner (orgs.), *The Cambridge History of Renaissance Philosophy*

(Cambridge: Cambridge University Press, 1988), pp.685-711. Exame de altíssimo nível e árduo mas apresenta um conveniente levantamento de noções de autoridade intelectual.

[128] Thomas Harmon Jobe, "The Devil in Restoration Science: The Glanvill-Webster Witchcraft Debate", *Isis*, 72 (1981), 343-56. Fascinante estudo de caso que mostra como o experimentalismo e a filosofia mecânica puderam ser usados em apoio à crença na demonologia.

[129] Nicholas Jolley, "The Reception of Descartes' Philosophy", em John Cottingham (org.), *The Cambridge Companion to Descartes* (Cambridge: Cambridge University Press, 1992), pp.393-423. Breve e útil análise.

[130] Lynn Sumida Joy, *Gassendi the Atomist: Advocate of History in an Age of Science* (Cambridge: Cambridge University Press, 1987). Concentra-se no conhecimento da história que permitu a Gassendi reabilitar a filosofia de Epicuro.

[131] A.G. Keller, "Mathematicians, Mechanics and Experimental Machines in Northern Italy in the Sixteenth Century", em M.P. Crosland (org.), *The Emergence of Science in Western Europe* (Londres: Macmillan, 1975), pp.15-34. Indica a abertura de novas oportunidades para os matemáticos no final do Renascimento.

[132] Evelyn Fox Keller, *Reflections on Gender and Science* (New Haven e Londres: Yale University Press, 1985). Os capítulos 2 e 3 defendem a existência de uma ideologia de gênero subjacente à revolução científica.

[133] Eugene M. Klaaren, *Religious Origins of Modern Science: Belief in Creation in Seventeenth-Century Thought* (Grand Rapids, Michigan: William B. Eerdmans Publishing, 1977). Particularmente bom no tocante a Robert Boyle e J.B. van Helmont.

[134] Alexandre Koyré, *The Astronomical Revolution: Copernicus, Kepler, Borelli*, trad. R.E.W. Maddison (Londres: Methuen, 1973). Exame técnico detalhado, mas com abundância de material fascinante, escrito por um dos fundadores da história da ciência.

[135] Thomas S. Kuhn, *The Copernican Revolution: Planetary Astronomy in the Development of Western Thought* (Cambridge, Mass: Harvard University Press. 1957). Estudo clássico das inovações introduzidas por Copérnico.

[136] Thomas S. Kuhn, "Mathematical versus Experimental Traditions in the Development of Physical Science", em idem, *The Essential Tension: Selected Studies in Scientific Tradition and Change* (Chicago: University of Chicago Press, 1977), pp.31-65. Sugestivo ensaio que propõe que a revolução científica pode ser melhor compreendida distinguindo-se as "ciências físicas clássicas" (passíveis de análise matemática) das recém-surgidas ciências baconianas (empíricas).

[137] W.R. Laird, "Patronage of Mechanics and Theories of Impact in Sixteenth-Century Italy", em [155], pp.51-66. Mostra como os interesses dos patronos levaram à introdução de teorias do impacto, importantes para a filosofia mecânica, na mecânica tradicional.

[138] James M. Lattis, *Between Copernicus and Galileo: Christoph Clavius and the Collapse of Ptolemaic Cosmology* (Chicago: University of Chicago Press, 1994). Estudo capital de um eminente filósofo natural jesuíta.

[139] David Lindberg, *The Beginnings of Western Science: The European Scientific Tradition in Philosophical, Religious, and Institutional Context, 600 BC to AD 1450* (Chicago: University of Chicago Press, 1992). Excelente introdução à ciência antiga e medieval.

[140] Arthur O. Lovejoy, *The Great Chain of Being: A Study of the History of an Idea* (Nova York: Harper & Row, 1960). Estudo clássico da teologia intelectualista.

[141] David S. Lux, *Patronage and Royal Science in Seventeenth-Century France: The Académie de Physique in Caen* (Ithaca, NY: Cornell University Press, 1989). Esclarecedora descrição de uma instituição científica antiga e menos conhecida.

[142] James E. McClellan III, *Science Reorganized: Scientific Societies in the Eighteenth Century* (Nova York: Columbia University Press, 1985). O melhor e mais completo exame das sociedades científicas na revolução científica e depois.

[143] Charles J. McCracken, *Malebranche and British Philosophy* (Oxford: Clarendon Press, 1983). O melhor livro sobre Malebranche e sua influência.

[144] J.E. McGuire e P.M. Rattansi, "Newton and the 'Pipes of Pan'", *Notes and Records of the Royal Society of London*, 21 (1966), 108-43. Fascinante e importante estudo da crença de Newton na sabedoria das tradições neoplatônica e pitagórica antigas.

[145] Julian Martin, *Francis Bacon, The State, and the Reform of Natural Philosophy* (Cambridge: Cambridge University Press, 1992). A melhor exposição das reformas filosóficas de Bacon. Sustenta que sua competência como estadista é decisiva para a compreensão de seus fins e métodos.

[146] Otto Mayr, *Authority, Liberty and Automatic Machinery in Early Modern Europe* (Baltimore e Londres: Johns Hopkins University Press, 1986). Esplêndida descrição das influências ideológicas sobre o desenvolvimento da tecnologia.

[147] Christoph Meinel, "Early Seventeenth-Century Atomism: Theory, Epistemology, and the Insufficiency of Experiment", *Isis*, 79 (1988), 68-103. Útil sumário dos primeiros desenvolvimentos no ressurgimento do atomismo.

[148] Everett Mendelsohn, *Heat and Life: The Development of the Theory of Animal Heat* (Cambridge, Mass: Harvard University Press, 1964). Bom exame de um importante aspecto das ciências da vida.

[149] J. Andrew Mendelsohn, "Alchemy and Politics in England, 1649-1665", *Past and Present*, 135 (1992), 30-78. Estudo dos usos políticos e retóricos da alquimia com advertências contra associações supostamente fixas entre alquimia e idéias religiosas e políticas radicais.

[150] Carolyn Merchant, *The Death of Nature: Women, Ecology and the Scientific Revolution* (San Francisco: Harper & Row, 1980). A melhor análise feminista da revolução científica. Apresenta sugestiva análise do contexto social das novas filosofias.

[151] Robert K. Merton, *Science Technology and Society in Seventeenth-Century England* (Nova York: Howard Fertig, 1970). Publicada originalmente em 1938, esta é a tese Merton (importante versão da tese do puritanismo-e-ciência).

[152] W.E.K. Middleton, *The Experimenters: A study of the Accademia del Cimento* (Baltimore: Johns Hopkins University Press, 1971). Estudo de uma das mais antigas sociedades científicas.

[153] Ron Millen, "The Manifestation of Occult Qualities in the Scientific Revolution", em M.J. Osler e P.L. Farber (orgs.), *Religion, Science and Worldview: Essays in Honor of Richard S. Westfall* (Cambridge: Cambridge University Press, 1985), pp.185-216. Útil complemento a [121], com algum material adicional fascinante.

[154] Bruce T. Moran, *The Alchemical World of the German Court: Occult Philosophy and Chemical Medicine in the Circle of Moritz of Hessen* (Stuttgart: Franz Steiner Verlag, 1991). Detalhado estudo de caso sobre o papel das visões de mundo mágicas na cortes européias.

[155] Bruce T. Moran (org.), *Patronage and Institutions: Science, Technology and Medicine at the European Court, 1500-1750* (Woodbridge, Suffolk: Boydell Press, 1991). Antologia de artigos uniformemente excelentes sobre questões de ciência e patronagem.

[156] Bruce T. Moran, "Patronage and Institutions: Courts, Universities, and Academies in Germany; an Overview 1550-1750", em [155], pp.169-84. Útil sumário do campo de oportunidades para os filósofos naturais.

[157] Lotte Mulligan, "Civil War Politics, Religion and the Royal Society", em [227], pp.317-39. Crítica da tese do puritanismo-e-ciência que apresenta provas do interesse pela ciência manifestado por cavalheiros anglicanos realistas.

[158] Lotte Mulligan, "Puritans and English Science: A Critique of Webster", *Isis*, 71 (1980), 457-69. Continuação de [157] que sustenta que características supostamente puritanas eram de fato comuns entre não puritanos.

[159] William R. Newman, "Boyle's Debt to Corpuscular Alchemy", em [120], pp. 107-118. Sucinta apresentação de uma tradição alquímica pouco conhecida e do uso que dela fez Boyle.

[160] Francis Oakley, *Omnipotence, Covenant and Order: An Essay in the History of Ideas from Abelard to Leibniz* (Ithaca, NY: Cornell University Press, 1984). Complementa [140], discute Boyle e Leibniz.

[161] Richard Olson, *Science Deified and Science Defied: The Historical Significance of Science in Western Culture*, vol.2 (Berkeley: University of California Press, 1991). Útil exame de algumas das formas como a ciência afetou a cultura mais ampla.

[162] C.D. O'Malley, *Andreas Vesalius of Brussels, 1514-1564* (Berkeley: University of California Press, 1965). Ainda o único livro sobre Vesálio.

[163] Martha Ornstein, *The Role of Scientific Societies in the Seventeenth Century*, 3ª ed. (Chicago: University of Chicago Press, 1938). Introdução superada mas ainda útil às sociedades científicas mais importantes.

[164] Margaret J. Osler, *Divine Will and the Mechanical Philosophy: Gassendi and Descartes on Necessity and Contingency in the Created World* (Cambridge: Cambridge University Press, 1994). Mostra a importância das idéias teológicas no desenvolvimento inicial das metodologias da ciência moderna.

[165] Walter Pagel, *William Harvey's Biological Ideas* (Basel: 1967). Exposição clássica do aristotelismo de Harvey e de outros aspectos do pano de fundo de sua obra.

[166] Walter Pagel, *Joan Baptista van Helmont: Reformer of Science and Medicine* (Cambridge: Cambridge University Press, 1982). O mais completo estudo de van Helmont e sua obra.

[167] L.C. Palm e H.A.M. Snelders (orgs.), *Antoni van Leeuwenhoek, 1632-1723* (Amsterdam: Rodopi, 1982). Coletânea de artigos sobre um dos mais importantes microscopistas.

[168] Olaf Pedersen, *Early Physics and Astronomy: A Historical Introduction*, 2ª ed. (Cambridge: Cambridge University Press, 1993). Guia claramente simplificado de aspectos técnicos da revolução astronômica e seu contexto.

[169] Richard H. Popkin, "Newton's Biblical Theology and his Theological Physics", em P.B. Scheurer e B. Debrock (orgs.), *Newton's Scientific and Philosophical Legacy* (Dordrecht: Kluwer Academic, 1988), pp.81-97. Enfatiza a significação religiosa da filosofia natural e seu uso por Newton.

[170] Roy Porter, "The Scientific Revolution: A Spoke in the Wheel?", em R. Porter e M. Teich (orgs.), *Revolution in History* (Cambridge: Cambridge University Press, 1986), pp.290-316. Discussão sucinta da concepção de revolução científica dos historiadores.

[171] Lawrence Principe, "Boyle's Alchemical Pursuits", em [120], pp.91-105. Breve e útil exame.

[172] Andrew Pyle, "Animal Generation and the Mechanical Philosophy: Some Light on the Role of Biology in the Scientific Revolution", *History and Philosophy of the Life Sciences*, 9 (1987), 225-54. Ressalta a importância do trabalho nas ciências biomédicas para a instituição da filosofia mecânica.

[173] John H. Randall, "The Development of the Scientific Method in the School of Padua", *Journal of the History of Ideas*, 1 (1940), 177-206. Estudo do florescimento do aristotelismo em Pádua que apóia a tese continuísta.

[174] P.M. Rattansi, "Paracelsus and the Puritan Revolution", *Ambix*, 11 (1963), 24-32. Sucinta exposição das relações entre o radicalismo político e o paracelsismo na Inglaterra do Interregno.

[175] C.E. Raven, *John Ray, Naturalist: His Life and Works* (Cambridge: Cambridge University Press, 1942). Estudo clássico de um dos principais naturalistas.

[176] Graham Rees, "Francis Bacon's Semi-Paracelsian Cosmology", *Ambix*, 22 (1975), 81-101. Importante reconstrução da idiossincrática filosofia natural de Bacon.

[177] Vasco Ronchi, *The Nature of Light: An Historical Survey* (Londres: Heinemann, 1970). História das teorias da luz e da óptica desde os gregos antigos até o século XIX, mas com ênfase nos desenvolvimentos na revolução científica.

[178] Hugh Trevor Roper, "The Paracelsian Movement", em idem, *Renaissance Essays* (Londres: Secker & Warburg, 1985; Fontana, 1986), pp.149-99. O melhor exame de abrangência européia do contexto sociopolítico da difusão do paracelsismo.

[179] G. MacDonald Ross, *Leibniz* (Past Masters, Oxford: Oxford University Press, 1984). Elucidativo estudo dos principais aspectos da obra de Leibniz. Talvez excessivamente condensado.

[180] Paolo Rossi, *Francis Bacon: From Magic to Science* (Londres: Routledge & Kegan Paul, 1968). Detalha as fontes prováveis das idéias de Bacon na reforma do conhecimento.

[181] M.J.S. Rudwick, *The Meaning of Fossils: Episodes in the History of Palaeontology* (Chicago e Londres: University of Chicago Press, 1972). Os dois primeiros capítulos têm muito a dizer sobre a história da história natural no nosso período.

[182] Edward G. Ruestow, "Piety and the Defense of the Natural Order: Swammerdam on Generation", em M.J. Osler e P.L. Farber (orgs.), *Religion, Science and Worldview: Essays in Honor of Richard S. Westfall* (Cambridge: Cambridge University Press, 1985), pp.217-39. Estudo de caso sobre os vínculos entre a ciência e a religião e uma útil análise de um importante filósofo natural.

[183] A.I. Sabra, *Theories of Light from Descartes to Newton* (Cambridge: Cambridge University Press, 1981). Importante exposição de desenvolvimentos técnicos na óptica.

[184] Danton B. Sailor, "Moses and Atomism", *Journal of the History of Ideas*, 25 (1964), 3-16. Fascinante relato de esforços para dar mais respeitabilidade ao atomismo do ponto de vista religioso.

[185] Georgio de Santillana, *The Crime of Galileo* (Chicago: University of Chicago Press, 1955). Rica e completa descrição do "caso Galileu". Enfatiza elementos conspiratórios na história, comparar com Fantoli [66].

[186] Lisa T. Sarasohn, "A Science Turned Upside Down: Feminism and the Natural Philosophy of Margaret Cavendish", *Huntington Library Quarterly*, 47 (1984), 289-307. Breve e bom sumário da obra de Margaret Cavendish e de suas intenções feministas.

[187] Rose-Mary Sargent, *The Diffident Naturalist: Robert Boyle and the Philosophy of Experiment* (Chicago: University of Chicago Press, 1995). Excelente tratamento da metodologia de Boyle.

[188] Simon Schaffer, "Godly Men and Mechanical Philosophers: Souls and Spirits in Restoration Natural Philosophy", *Science in Context*, 1 (1987), 55-86. Sustenta que a filosofia mecânica foi usada para a instituição e a definição do reino das almas e espíritos imateriais.

[189] Simon Schaffer, "Newtonianism", em R.C. Olby, G.N. Cantor, J.R.R. Christie e M.J.S. Hodge (orgs.), *Companion to the History of Modern Science* (Londres: Routledge, 1990), pp. 610-26. Útil indicador da extensão da influência de Newton nos séculos XVIII e XIX.

[190] Londa Schiebinger, *The Mind Has No Sex? Women in the Origins of Modern Science* (Cambridge, Mass.: Harvard University Press, 1989). Estudo da exclusão das mulheres da ciência no período moderno inicial.

[191] Charles B. Schmitt, "Science in the Italian Universities in the Sixteenth and Early Seventeenth Centuries", em M. Crosland (org.), *The Emergence of Science in Western Europe* (Londres: Macmillan, 1975), pp. 35-56. Usa material italiano para advertir contra a desconsideração do papel das universidades na revolução científica.

[192] Charles B. Schmitt, *Aristotle in the Renaissance* (Cambridge, Mass.: Harvard University Press, 1983). Importante análise do persistente florescimento de diferentes versões do aristotelismo que avançou pelo período moderno.

[193] John A. Schuster, "The Scientific Revolution", em R.C. Olby et al. (orgs.), *Companion to the History of Modern Science* (Londres: Routledge, 1990), pp.217-42. Excelente sumário sobre nosso tema, sofisticado tanto histórica quanto historiograficamente.

[194] Michael Segre, *In the Wake of Galileo* (New Brunswick: Rutgers University Press, 1991). Estudo dos seguidores imediatos de Galileu na Itália.

[195] Steven Shapin, "Social Uses of Science", em G. Rousseau e R. Porter (orgs.), *The Ferment of Knowledge* (Cambridge: Cambridge University Press, 1980), pp.93-139. Manifesto em prol da aplicação da sociologia do conhecimento à historiografia.

[196] Steven Shapin, "Of Gods and Kings: Natural Philosophy and Politics in the Leibniz-Clarke Disputes", *Isis*, 72 (1981), 187-215. Defende a necessidade do reconhecimento do papel da política na disputa intelectual entre Newton e Leibniz.

[197] Steven Shapin, "The House of Experiment in Seventeenth-Century England", *Isis*, 79 (1988), 373-404. Breve exposição de alguns dos temas de [200]. Mostra como o local e a situação em que se efetuavam os experimentos eram utilizados na defesa da legitimidade do método experimental.

[198] Steven Shapin, "Who was Robert Hooke?", em M. Hunter e S. Schaffer (orgs.), *Robert Hooke: New Studies* (Woodbridge, Suffolk: Boydell Press,

1989), pp.253-85. Demonstra que o status da pessoa era relevante para o modo como seu trabalho científico era encarado.

[199] Steven Shapin, "Discipline and Bounding: The History and Sociology of Science as Seen Through the Externalism-Internalism Debate", *History of Science*, 30 (1992), 333-69. História do debate externalismo-internalismo na historiografia da ciência e convincente defesa de uma abordagem fundada numa sociologia historicista do conhecimento.

[200] Steven Shapin, *A Social History of Truth: Civility and Science in Seventeenth Century England* (Chicago: Chicago University Press, 1994). Fascinante exposição do papel da confiança no conhecimento científico.

[201] Steven Shapin e Simon Schaffer, *Leviathan and the Air-Pump: Hobbes, Boyle and the Experimental Life* (Princeton: Princeton University Press, 1985). Importante estudo da disputa entre Hobbes e Boyle com interessantes coisas a dizer sobre a natureza da ciência, o método experimental e as fronteiras entre as disciplinas.

[202] Barbara J. Shapiro, "Latitudinarianism and Science in Seventeenth-Century England", em [227], pp.286-316. Influente afirmação da principal alternativa à tese do puritanismo-e-ciência.

[203] Barbara J. Shapiro, *Probability and Certainty in Seventeenth-Century England: A Study of the Relationships between Natural Science, Religion, History, Law and Literature* (Princeton: Princeton University Press, 1983). Rica e ambiciosa análise de seus temas.

[204] Michael Sharratt, *Galileo, Decisive Innovator* (Oxford, Blackwell, 1994). Exposição criteriosamente simplificada que abrange todos os aspectos capitais da vida e da obra de Galileu.

[205] William R. Shea, *Galileo's Intellectual Revolution* (Londres: Macmillan, 1972). Bom resumo do desenvolvimento do método científico de Galileu.

[206] William R. Shea, "Galileo and the Church", em D.C. Lindberg e R. Numbers (orgs.), *God and Nature: Historical Essays on the Encounter between Christianity and Science* (Berkeley: University of California Press, 1986), pp.114-35. Exposição sucinta de uma questão complexa.

[207] William R. Shea, *The Magic of Numbers and Motion: The Scientific Career of René Descartes* (Canton, Mass.: Science History Publications, 1991). Exame extremamente útil da contribuição de Descartes para a história da ciência, embora talvez deixe escapar a dimensão metafísica de sua obra.

[208] Phillip R. Sloan, "Natural History, 1670-1802", em R.C. Olby, G.N. Cantor, J.R.R. Christie e M.J.S. Hodge (orgs.), *Companion to the History of Modern Science* (Londres: Routledge, 1990), pp.295-313. Apesar do título, inclui sucinto material introdutório sobre o Renascimento.

[209] Bruce Stephenson, *Kepler's Physical Astronomy* (Princeton: Princeton University Press, 1994). A mais recente e mais convicente afirmação do papel da especulação física na astronomia de Kepler.

[210] Bruce Stephenson, *The Music of Heavens: Kepler's Harmonic Astronomy* (Princeton: Princeton University Press, 1994). Estudo das teorias da harmonia celeste e do uso que delas fez Kepler.

[211] Larry Stewart, *The Rise of Public Science: Rhetoric, Technology and Natural Philosophy in Newtonian Britain, 1660-1750* (Cambridge: Cambridge University Press, 1992). Exame ricamente detalhado dos aspectos religiosos e comerciais da ascensão do newtonianismo.

[212] Alice Stroup, *A Company of Scientists: Botany, Patronage and Community at the Seventeenth-Century Parisian Royal Academy of Sciences* (Berkeley: University of California Press, 1990). Útil estudo da Academia Francesa de Ciências e da botânica na ciência do século XVII.

[213] Mary Terrall, "Emilie du Châtelet and the Gendering of Science", *History of Science*, 33 (1995), 283-310. Relato revelador das dificuldades que as mulheres enfrentavam nesse período com relação à ciência.

[214] Jim Tester, *A History of Western Astrology* (Woodbridge, Suffolk: Boydell Press, 1987). Excelente exame histórico da astrologia e sua importância.

[215] Victor E. Thoren, *Tycho Brahe: The Lord of Uraniborg* (Cambridge: Cambridge University Press, 1990). A mais atualizada biografia intelectual dessa figura de importância decisiva.

[216] Lynn Thorndike, *A History of Magic and Experimental Science*, 8 vols. (Nova York: Columbia University Press, 1923-58). Exame monumental dos vínculos entre o experimentalismo e a magia.

[217] E.M.W. Tillyard, *The Elizabethan World Picture* (Londres: Chatto & Windus, 1943). Análise clássica das correspondências entre diferentes aspectos do cosmo no pensamento elisabetano.

[218] Nicholas Tyacke, "Science and Religion at Oxford before the Civil War", em D.H. Pennington e K. Thomas (orgs.), *Puritans and Revolutionaries: Essays on Seventeenth-Century History Presented to Christopher Hill* (Oxford: Clarendon Press, 1978), pp.73-93. Ataque à tese do puritanismo-e-ciência que ressalta os vínculos entre o anglicanismo conservador e a ciência.

[219] Albert Van Helden, "The Birth of the Modern Scientific Instrument", em John G. Burke (org.), *The Uses of Science in the Age of Newton* (Berkeley: University of California Press, 1983), pp.49-84. Útil ensaio sobre a importância dos intrumentos científicos.

[220] Albert Van Helden, "Telescopes and Authority from Galileo to Cassini", *Osiris*, 9 (1994), 9-29. Mostrando que a validade e a confiabilidade da observação telescópica teve de ser comprovada, o artigo revela as dificuldades enfrentadas pelos primeiros defensores do intrumento.

[221] Andrew G. Van Melsen, *From Atomos to Atom: The History of the Concept Atom* (Nova York: Harper & Brothers, 1960). Útil exame de filosofias atomísticas que inclui um estudo do ressurgimento do atomismo no início do período moderno.

[222] Brian Vickers (org.), *Occult and Scientific Mentalities in the Renaissance* (Cambridge: Cambridge University Press, 1984). Indispensável antologia sobre o papel da magia nas origens da ciência moderna.

[223] Brian Vickers, "Analogy versus Identity: The Rejection of Occult Symbolism, 1580-1650", em [222], pp.95-163. Mostra como os pressupostos ocultistas sobre o uso e a natureza dos símbolos foram suplantados por novas classificações fundadas na observação e na experiência.

[224] William A. Wallace, *Galileo and his Sources: The Heritage of the Collegio Romano in Galileo's Science* (Princeton: Princeton University Press, 1984). Ressalta a influência dos jesuítas do Collegio Romano sobre Galileu no início de sua carreira.

[225] Deborah Warner, "Terrestrial Magnetism: For the Glory of God and the Benefit of Mankind", *Osiris*, 9 (1994), 67-84. Mostra a interação de interesses ligados à filosofia natural e outros, mais pragmáticos, no desenvolvimento do magnetismo terrestre e dos instrumentos magnéticos.

[226] Andrew Wear, "The Heart and Blood from Vesalius to Harvey", em R.C. Olby, G.N. Cantor, J.R.R. Christie e M.J.S. Hodge (orgs.), *Companion to the History of Modern Science* (Londres: Routledge, 1990), pp.568-82. Breve e útil análise.

[227] Charles Webster (org.), *The Intellectual Revolution of the Seventeenth Century* (Londres: Routledge & Kegan Paul, 1974). Inclui importante conjunto de artigos pró e contra a tese do puritanismo-e-ciência.

[228] Charles Webster, *The Great Instauration: Science, Medicine and Reform 1626-1660* (Londres: Duckworth, 1975). Magistral caracterização da ciência na Inglaterra durante o Interregno. Importante contribuição à tese do puritanismo-e-ciência.

[229] Charles Webster, "Alchemical and Paracelsian Medicine", em idem (org.), *Health, Medicine and Mortality in the Sixteenth Century* (Cambridge: Cambridge University Press, 1979), pp.301-34. Breve e útil estudo.

[230] Charles Webster, *From Paracelsus to Newton: Magic and the Making of Modern Science* (Cambridge: Cambridge University Press, 1982). Análise breve mas densamente compactada do lugar da astrologia, da magia natural e da feitiçaria na revolução científica.

[231] Charles Webster, "Puritanism, Separatism, and Science", em D.C. Lindberg e R. Numbers (orgs.), *God and Nature: Historical Essays on the Encounter between Christianity and Science* (Berkeley: University of California Press, 1986), pp.192-217. Breve reafirmação das idéias expressas na Conclusão de [228].

[232] Charles Webster, "Paracelsus: Medicine as Popular Protest", em O.P. Grell e A. Cunningham (orgs.), *Medicine and the Reformation* (Londres e Nova York: Routledge, 1993), pp.57-77. Defende a existência de vínculos estreitos entre as teorias médicas de Paracelso e suas idéias religiosas reformistas.

[233] R.S. Westfall, *Force in Newton's Physics: The Science of Dynamics in the Seventeenth Century* (History of Science Library, Londres: Macdo-

nald, 1971). O subtítulo dá uma idéia melhor do alcance do livro. Exame conveniente em um volume de uma questão de importância crucial porém complexa.

[234] R.S. Westfall, *Science and Religion in Seventeenth-Century England* (Ann Arbor: University of Michigan Press, 1973). Exame completo da teologia natural na Inglaterra.

[235] R.S. Westfall, *The Construction of Modern Science: Mechanisms and Mechanics* (Cambridge: Cambridge University Press, 1977). Estudo da revolução científica concentrado no desenvolvimento da filosofia mecânica.

[236] R.S. Westfall, *Never at Rest: A Biography of Isaac Newton* (Cambridge: Cambridge University Press, 1980). Esplêndida biografia combinada com excelente descrição da obra de Newton.

[237] R.S. Westfall, "Newton and Alchemy", em [222], pp.315-35. Sucinta afirmação de que o conceito de força de Newton teve origem na alquimia.

[238] Robert S. Westman, "The Astronomer's Role in the Sixteenth Century: A Preliminary Survey", *History of Science*, 18 (1980), 104-47. Importante estudo dos debates do século XVI em torno da autoridade intelectual dos astrônomos em relação aos filósofos naturais. Tem coisas interessantes a dizer sobre as fronteiras entre as disciplinas.

[239] Robert S. Westman, "The Copernicans and the Churches", em D.C. Lindberg e R. Numbers (orgs.), *God and Nature: Historical Essays on the Encounter between Christianity and Science* (Berkeley: University of California Press, 1986), pp.76-113. Breve e excelente exame das reações religiosas a Copérnico.

[240] G. Whitteridge, *William Harvey and the Circulation of the Blood* (Londres: Macdonald, 1971). Estudo detalhado do pano de fundo e do desenvolvimento da teoria da circulação de Harvey. Deve ser lido em conexão com [165].

[241] Catherine Wilson, *The Invisible World: Early Modern Philosophy and the Invention of the Microscope* (Princeton: Princeton University Press, 1995). Excelente estudo do microscópio em suas origens e de seu impacto na filosofia natural.

[242] David E. Wolfe, "Sydenham and Locke on the Limits of Anatomy", *Bulletin of the History of Medicine*, 35 (1961), 193-200. Ilustra e explica a resistência ao uso do microscópio na filosofia natural.

[243] Paul B. Wood, "Methodology and Apologetics: Thomas Sprat's *History of the Royal Society*", *British Journal for the History of Science*, 13 (1980), 1-26. Estudo da importância do contexto religioso para a compreensão da metodologia lecionada na Royal Society.

[244] Joella G. Yoder, *Unrolling Time: Christiaan Huygens and the Mathematization of Nature* (Cambridge: Cambridge University Press, 1988). Estudo fundamental sobre uma figura significativa e um estudo de caso importante sobre o desenvolvimento da física matemática.

[245] Edgar Zilsel, "The Origins of William Gilbert's Scientific Method", *Journal of the History of Ideas*, 2 (1941), 1-32. Ensaio antigo mas ainda influente sobre as origens do método experimental.

Glossário

Este glossário fornece breves explicações dos termos técnico-científicos, as principais referências históricas e os conceitos historiográficos importantes. Os verbetes científicos e historiográficos incluem referências à bibliografia para os que desejarem ir mais longe na questão. Para outras breves discussões dos termos científicos ver o *Dictionary of the History of Science*, org. W.F. Bynum, E.J. Browne e Roy Porter (Londres: Macmillan, 1983).

ALQUIMIA — antiga arte que almejava produzir a perfeição (evidente pelas tentativas de transformar metais não-preciosos em ouro, por exemplo) explorando-se os modos pelos quais diferentes substâncias podem ser levadas a reagir umas com as outras para produzir novas substâncias. Sob muitos aspectos, portanto, a alquimia era uma espécie de protoquímica, mas devido à sua busca pela perfeição era em geral revestida de significado místico [56, 57, 237].

ANGLICANISMO LAUDIANO — forma de liturgia anglicana patrocinada e imposta pelo arcebispo William Laud (1573-1645); considerada por muitos na Inglaterra demasiado próxima do catolicismo romano [218].

ANIMALCULISMO — crença, originária da descoberta dos espermatozóides por Anton van Leuwenhock (1677), de que a progênie de um organismo está contido, preformada, na semente masculina [235, 241].

ANIMISMO — crença de que os objetos naturais (inclusive aqueles aparentemente destituídos de vida, são dotados de alma (e, portanto, têm alguma espécie de inteligência).

APOLOGÉTICA — a defesa e a justificação racionais da teologia e de outros aspectos da religião.

ARISTOTÉLICO — originado ou baseado na obra de Aristóteles (384-322 a.C.), o filósofo da Grécia antiga que mais influiu sobre a filosofia natural. Não deveria ser visto como monolítico; houve numerosos refinamentos e variações a partir dos temas básicos [192].

ASSINATURAS — sinais ou indicações impostos às coisas por Deus, que revelam correspondências ou relações ocultas com outras coisas. A noz parece similar ao cérebro humano: isto é uma assinatura que indica sua eficácia no tratamento de enfermidades do cérebro [6, 38, 39, 111, 216].

ASTROLOGIA — o estudo e a interpretação da influência dos astros sobre o homem e outras ocorrências terrenas. Vista por muitos como filosoficamente justificada ao longo de toda a Idade Média e o Renascimento, mas já em declínio no final do século XVII [38, 214].

ASTRONOMIA — o estudo e a interpretação dos movimentos dos corpos celestes. Uma arte prática e útil para as determinações de calendários e na navegação, na astrologia e na cosmologia; uma das ciências matemáticas mistas [43, 60, 134, 135, 138, 168, 215, 238].

ATOMISMO — antigo sistema filosófico que explica todos os fenômenos físicos em função dos movimentos, combinações e arranjos de partículas indivisíveis da matéria chamadas átomos [221, 147].

BACONIANO — originado ou baseado nas doutrinas de Francis Bacon (1561-1626). Usado com freqüência para designar procedimentos observacionais, classificatórios e empíricos [136, 145, 180].

"BÊTE-MACHINE" — concepção cartesiana do animal como um autômato complexo [19, 89, 235].

CALVINISMO — o sistema religioso protestante desenvolvido por João Calvino (1509-64), por vezes identificado com o puritanismo [15, 151, 158, 227, 231].

CARTESIANO — originado ou baseado na obra de René Descartes (1596-1650) [87, 89, 207].

CERTEZA MORAL — aquela certeza que, dadas as evidências, convenceria qualquer testemunha racional. Forma probabilística de certeza utilizada por novos filósofos quando o antigo critério aristotélico de certeza deixou de ser viável [201, 203].

CIÊNCIAS MATEMÁTICAS MISTAS — astronomia, óptica, música, estática e outras tentativas de explicar fenômenos físicos em termos de matemática abstrata foram denominadas ciências "mistas" pelos aristotélicos porque tentavam misturar explicações características de uma ciência (digamos, a geometria) com outra (filosofia natural). Como tais, eram freqüentemente consideradas menos certas que a ciência pura da filosofia natural [50, 107, 138].

CINEMÁTICA — a ciência do movimento. O termo é usado aqui (espero que coerentemente) para distinguir as explicações baseadas nos movimentos dos corpos daquelas baseadas na força (dinâmica). Galileu e Descartes, em particular, tenderam a evitar basear seus pressupostos em noções de força (com freqüência encarada como oculta), referindo-se unicamente aos movimentos dos corpos [80, 81].

CONTINUÍSTA — posição historiográfica que afirma ser possível mostrar que as primeiras inovações modernas na ciência se desenvolveram a partir da filosofia natural medieval [139].

CONTRA-REFORMA/CONTRA-REFORMISTA — movimento/medidas iniciados pela Igreja católica romana para neutralizar os efeitos da Reforma protestante e reconquistar convertidos [7, 66, 185, 204, 206].

COPERNICANO — originado ou baseado na teoria de Nicolau Copérnico (1473-1543). Muitas vezes empregado de maneira vaga para designar qualquer sistema em que a Terra está em movimento em torno do Sol. Assim, Johannes Kepler (1571-1630) pode ser qualificado de copernicano, ainda que suas órbitas planetárias elípticas o assinalem como decisivamente diferente em sua astronomia [43, 60, 135).

CORPUSCULARISMO — posição filosófica semelhante ao atomismo mas em que as partículas fundamentais da matéria são divisíveis, ou não comprovadamente indivisíveis [99, 235].

CORRESPONDÊNCIAS — ligações supostamente existentes entre diferentes corpos em posições correspondentes na "Grande Cadeia do Ser". Afirmava-se que o Sol, o mais nobre dos corpos celestes, correspondia ao ouro, o mais nobre metal. Acreditava-se que corpos correspondentes podiam se influenciar mutuamente e eram usados em procedimentos mágicos para ocasionar fins desejados [217, 111].

COSMOLOGIA — o estudo da estrutura e do sistema do universo. Vista como uma ciência que era, ou deveria ser, apoiada pela arte da astronomia [43, 71, 134, 238].

DEFERENTE — em astronomia, o maior círculo usado, em combinação com um epiciclo, para definir o movimento de um planeta em torno do centro do sistema do mundo. Ver epiciclo [43, 60, 135, 168].

DEÍSMO — crença nos princípios da religião natural e da teologia natural. O deísta aceita, em bases supostamente naturalistas ou racionais, a existência de Deus, a imortalidade da alma e outros aspectos fundamentais da crença religiosa, mas nega ou ignora muitos dos preceitos derivados das Escrituras (como a imaculada conceição, a divindade, ressurreição e ascensão de Cristo, a Santíssima Trindade) [125, 161, 234].

DINÂMICA — originalmente cunhado por G.W. Leibniz para designar sua própria maneira de explicar as coisas em termos de seu conceito de força. Comumente usado, como aqui, para designar qualquer tentativa de explicar fenômenos físicos em termos da ação de forças [78, 80, 81, 84, 102, 233]. Compare com cinemática.

DUALISMO — crença de que alma e corpo são entidades categoricamente distintas [15, 89, 108].

"EMBOÎTEMENT" — teoria preformista que defende que todas as gerações subseqüentes estão encapsuladas dentro do ovo (ovismo) ou do esperma (animalculismo) de qualquer geração dada. O ovista acredita, por exemplo, que uma fêmea contém ovos, alguns dos quais contêm fêmeas pré-formadas minúsculas que têm ovos, alguns dos quais contêm fêmeas pré-formadas ainda mais minúsculas que têm ovos, e assim por diante [101, 182, 235, 172].

EPICICLO — em astronomia, um círculo menor em torno do qual se considera que um planeta gira enquanto esse círculo se move, ele próprio, em torno de um círculo maior (o deferente) centrado no centro do sistema do mundo ou próximo dele. As rotações combinadas de planeta e epiciclo permitiam aos astrônomos acomodar variações observadas na velocidade e no brilho (e, portanto, na distância da Terra) dos planetas e seus movimentos retrógrados (considerava-se que os planetas davam uma volta sobre um centro que girava uniformemente em torno do centro do deferente sem se desviar da norma da Grécia antiga segundo a qual o movimento dos corpos celestes deve ser uniforme (inalterável) e perfeitamente circular [43, 60, 135, 168].

EPIGÊNESE — teoria da geração que admite que o desenvolvimento embrionário ocorre de forma gradual a partir de material previamente indiferenciado. Embora defendida por Harvey e Descartes, ela pareceu inexplicável a partir da perspectiva da filosofia mecânica e tendeu a dar lugar a teorias preformistas concorrentes [101, 235, 172].

EPISTEMOLOGIA — o estudo e a teoria do modo como o conhecimento é adquirido e confirmado (pela experiência sensória, por exemplo, ou pelo uso da razão) [89, 107, 127, 201].

EQUANTE — um ponto imaginário no espaço, a certa distância do centro do deferente de um planeta, a partir do qual o movimento de um planeta (ou mais precisamente, o movimento do centro imaginário de seu epiciclo) pareceria ser uniforme e imutável. Uma inovação de Ptolomeu (90-168 d.C.), significava que o centro do epiciclo se movia em torno do deferente não de modo uniforme, mas com velocidades variadas. Embora condenado como um desvio de preceitos gregos antigos e como fisicamente inexplicável (como poderia o centro de um epiciclo manter um movimento uniforme com relação a um ponto excêntrico?), mostrou-se útil na explicação de movimentos planetários observados [43, 60, 135, 168].

ESCOLÁSTICO — originado ou baseado na obra de filósofos naturais aristotélicos que trabalhavam no âmbito do sistema universitário [192].

ESFERA CELESTE — a esfera de Marte, digamos, não é a mesma esfera em que pensamos como sendo o corpo do planeta. Refere-se a uma vasta esfera, que envolve completamente a Terra e centra-se nela, ou próximo dela. A esfera de um planeta deve ser espessa o bastante para acomodar o epiciclo calculado para o planeta pelos astrônomos. O epiciclo e o deferente são vistos como construções geométricas que analisam o movimento do planeta dentro de sua esfera. As esferas costumavam ser concebidas como corpos cristalinos rígidos, invisíveis exceto para o marcador luminoso fornecido pelo próprio planeta. Esse conceito não conseguiu sobreviver ao advento do copernicanismo [138, 43, 60, 135, 168].

ESTÁTICA — o estudo e a análise matemática dos pesos, contrapesos, roldanas, alavancas e outros sistemas em equilíbrio e, portanto, não em movimento. Uma das ciências matemáticas mistas [55, 58, 59].

EXCÊNTRICO — deslocado do centro. Imaginar a Terra como sendo um tanto descentrada era uma técnica simples usada em astronomia para explicar parcialmente variações observadas na velocidade e no brilho (e assim na distância da Terra) dos planetas [43, 60, 135, 168].

FILOSOFIA EXPERIMENTAL — nome dado à filosofia natural desenvolvida por pensadores ingleses do final do século XVII, em particular os membros mais destacados da Royal Society, em que práticos afirmavam estabelecer fatos inquestionáveis por meio do experimentalismo baconiano. Ao contrário dos filósofos mecânicos, os filósofos experimentais podiam aceitar a existência de qualidades ocultas, como a atração gravitacional ou magnética, ou a "elasticidade" do ar, como fatos experimentalmente estabelecidos [48, 110, 112, 201, 243].

FILOSOFIA MECÂNICA — novo e importante sistema de filosofia desenvolvido, em diferentes versões, durante a revolução científica. Em suas formas mais estritas afirmava que todas as propriedades dos corpos eram derivadas da forma, tamanho, arranjos e movimentos de partículas invisivelmente pequenas, e que toda causação se dava por ação de contato. As explicações eram apresentadas como análogas a modelos mecânicos [55, 63, 83, 89, 207, 221, 228, 233, 244]. Versões menos estritas da filosofia mecânica admitiam qualidades ocultas na matéria, desde que pudessem ser justificadas em bases empíricas (ver filosofia experimental).

FILOSOFIA NATURAL — a tentativa de compreender e explicar os modos de funcionamento do mundo natural. Não deveria ser visto como significando meramente o que chamamos de ciência, já que vários aspectos de nossa noção de ciência *não* faziam parte da filosofia natural até a revolução científica. Em particular, estudos empíricos e matemáticos precisaram ter sua relevância demonstrada e ser combinados com a filosofia natural tradicional no período moderno inicial [47, 50, 81, 80].

FISIOLOGIA — usado aqui no sentido moderno para denotar o estudo dos modos de funcionamento dos vários órgãos do corpo animal, sua forma, função e papel na manutenção da vida do animal [101].

FORÇA — um operador capaz de ocasionar uma mudança de movimento num corpo. Na filosofia mecânica, geralmente vista como proveniente do movimento dos corpos, por isso em geral equivale a "força de impacto" ou "força de percussão". Igualmente usada, sobretudo fora da filosofia mecânica (mas também, por exemplo, por Newton) para designar operações capazes de atuar a distância, sendo por isso vista como "espiritual" ou "oculta" [57, 78, 83, 84, 102, 233].

FORÇA CENTRÍFUGA — força para fora a partir do centro experimentada por um corpo em rotação [233, 244].

FORÇA CENTRÍPETA — força para dentro em direção a um centro, como a força da gravidade [233, 244].

FORMA SUBSTANCIAL — na tradição aristotélica, um determinado objeto era feito de matéria e forma, a forma configurando a matéria. A forma substancial de uma coisa fornece-lhe suas propriedades essenciais, definidoras, tornando-a assim o que ela é. Esta idéia chegou a ser estendida a explicações causativas, dizendo-se que o comportamento dos corpos é causado por sua forma substancial [63, 84, 164].

FRONTEIRAS DISCIPLINARES — demarcações intelectualmente concebidas entre diferentes áreas especializadas de estudo, tal como entre botânica e zoologia. Muitos aspectos da revolução científica podem ser vistos como o resultado de mudanças no modo como essas fronteiras eram traçadas. Considerem-se, por exemplo, as mudanças na fronteira entre a astronomia e a cosmologia [50, 126, 135, 238], entre a mecânica e a filosofia natural do movimento [9, 47, 50, 80, 81, 137], entre a magia natural e a filosofia natural [26, 39, 61, 62, 111, 153, 180, 216] ou entre a história natural e a filosofia natural [8, 48, 72, 241].

GALÊNICO — originado ou baseado na obra de Galeno [129-199 d.C.], o médico sistematista da Antigüidade que se provou tão influente na medicina quanto Aristóteles na filosofia natural [77, 226, 240].

GEOCÊNTRICO — usado para denotar um sistema astronômico em que a Terra está no centro, ou perto dele [43, 60, 135, 168].

GEOSTÁTICO — usado para denotar um sistema astronômico em que a Terra é estacionária [43, 60, 135, 168].

GRANDE CADEIA DO SER — designação reduzida da crença tradicional e difundida de que Deus dispusera todas as criaturas numa hierarquia ininterrupta, de modo que cada animal, por exemplo, tinha um lugar designado na hierarquia, inferior ao que estava acima e superior ao que estava abaixo [140, 160, 217].

GREGO HELENISTA — usado aqui para denotar um pensador grego posterior, que floresceu após a morte de Alexandre Magno (323 a.C.) ou, mais precisamente, após Aristóteles (morto em 322 a.C.).

HELIOCÊNTRICO — usado para denotar um sistema astronômico em que o Sol está no centro, ou muito próximo dele [43, 60, 135].

HIDROSTÁTICA — o estudo dos corpos que flutuam ou estão suspensos em fluidos. Uma das ciências matemáticas mistas [58, 59].

HISTÓRIA EXTERNA — escrita da história que busca explicar a formação de idéias inovadoras em ciência e sua aceitação ou recusa pelos contemporâneos em termos de influências de caráter cultural: sociais, políticas, religiosas e outras. Freqüentemente criticada, muitas vezes de maneira ingênua, por não dar a devida atenção à dinâmica interna da ciência em questão, sua lógica interna, as demonstrações ditas inatacáveis do experimento e os ditames supostamente livres de ambigüidade da própria natureza. Compare com história interna [199].

HISTÓRIA INTERNA — escrita da história que se concentra nos desenvolvimentos técnicos na ciência com pouca ou nenhuma tentativa de situá-los no contexto cultural mais amplo. Compare com história externa [199].

HISTORIOGRAFIA — a escrita da história. Historiográfico e histórico não significam, portanto, a mesma coisa. A importância histórica de Galileu deriva do que ele foi e do que ele fez. Sua importância historiográfica é proveniente da grande atenção que lhe foi conferida por historiadores da ciência. Controvérsias historiográficas são conduzidas por historiadores, controvérsias históricas são conduzidas por pessoas importantes [199].

HOMOCÊNTRICO — que têm o mesmo centro. Refere-se ao encaixe das esferas celestes, tal como representado na visão aristotélica do mundo e em certos sistemas astronômicos da Grécia antiga, em que todas as rotações estão centradas na Terra. Distinto do sistema ptolomaico policentrado de epiciclos centrados em deferentes [43, 60, 135, 168].

HUMORES — quatro em número, o equivalente corporal dos chamados quatro elementos (fogo, ar, água e terra), identificados de maneira não rigorosa com os quatro fluidos corporais: bílis, sangue, fleuma e bílis negra ou melancolia. A identificação nada tinha de rígida: qualquer substância aquosa no corpo, por exemplo, seria vista como fleuma, ou predominantemente fleuma [101, 139].

INDUÇÃO — forma de inferência geralmente considerada inferior à dedução por causa de sua falta de certeza e incapacidade de fornecer explicações causais, mas defendida por Francis Bacon (1561-1626) como a mais criativa e a única capaz de conduzir a novas descobertas. Essencialmente, uma maneira de chegar a proposições universais ("toda madeira flutua") a partir de experiências sensoriais coletivas (carvalho flutua, plátano flutua etc.) [50, 67, 111, 127, 180].

INÉRCIA — a tendência de um corpo a conservar seu estado de repouso ou de movimento uniforme numa linha reta. Conceito estabelecido por Newton mas prefigurado na obra de Descartes, Gassendi e outros. Uma importante alternativa ao preceito aristotélico de que "tudo que se move é movido por outro", que implica que o movimento deve ser conservado por aplicação contínua de força [55, 78, 233, 235].

INSTRUMENTALISMO — a idéia de que teorias científicas não representam a realidade, sendo meros instrumentos que nos permitem fazer predições sobre eventos e processos naturais. Seu mais famoso representante em nosso período foi Andreas Osiander (1498-1522), que só acompanhou a impressão de *De revolutionibus orbium coelestium* (1543) de Copérnico depois de acrescentar seu próprio prefácio instrumentalista não-autorizado [126, 127, 238].

INTERREGNO — denota o período transcorrido na Inglaterra e na Escócia entre a execução de Carlos I (1600-49) e a Restauração de Carlos II (1630-85) em 1660.

LATITUDINARISMO — usado aqui para designar a posição de uma ampla facção da Igreja da Inglaterra no final do século XVII em que se evitava o conflito religioso insistindo unicamente num pequeno número de doutrinas inegáveis e professando que todas as demais questões de fé eram insignificantes para a salvação de uma pessoa. Visto como elemento importante na formação da bem-sucedida metodologia da ciência inglesa após a Restauração [202, 243, 124, 112].

LEI DO INVERSO DO QUADRADO — maneira reduzida de designar a lei da gravidade, que descreve como a atração varia inversamente com o quadrado da distância entre dois corpos. Assim, à medida que a distância aumenta, a atração diminui, e vice-versa. Se a distância entre dois corpos aumenta por 4 unidades de distância, a força atrativa entre eles diminuirá por $4^2 = 16$ unidades de força atrativa [99, 233, 235, 236].

LÓGICA DEDUTIVA — para Aristóteles, uma forma superior de lógica por causa de sua capacidade de gerar certas conclusões. Baseada nos diferentes tipos de silogismo [50].

MACROCOSMO — o sistema do mundo. Ver também "microcosmo".

MAGIA ESPIRITUAL OU DEMONÍACA — magia baseada na invocação de anjos ou demônios para cumprir as ordens de quem os chamou.

MAGIA MATEMÁTICA — refere-se não só à magia baseada na manipulação e na suposta significação dos números (como na numerologia), mas também aos efeitos ocasionados por maquinismos ou outros dispositivos ocultos [61, 62, 29, 104].

MAGIA NATURAL — magia baseada na exploração dos poderes naturais ou virtudes das coisas em interagir com outras coisas para ocasionar efeitos particulares [25, 29, 38, 39, 111, 222, 230].

MECÂNICA — tradicionalmente a teoria das máquinas, em particular as cinco "máquinas simples": a alavanca, a cunha, a roldana, o parafuso e o molinete. Transformada durante a revolução científica para incluir teorias de colisão e outros problemas associados com corpos em movimento [80, 81, 137].

MECANICISMO — usado aqui para designar a crença na filosofia mecânica.

METAFÍSICA — estudo e teoria filosóficos dos princípios primeiros ou preceitos fundamentais. A definição aristotélica de um objeto em funções de sua matéria e forma é uma proposição metafísica, assim como a afirmação de que os objetos são definidos em termos de conglomerados de partículas invisivelmente pequenas em combinações e arranjos específicos [107, 84, 89].

METODOLOGIA — o estudo e a teoria dos métodos e procedimentos corretos para se chegar ao conhecimento seguro da natureza [50, 55, 99, 235].

MICROCOSMO — o ser humano (em geral o *homem*, é claro), visto como encapsulando em miniatura toda a complexidade e diversidade do próprio universo, o macrocosmo. Importante noção na tradição mágica; corrobora, por exemplo, afirmações sobre correspondências entre os astros e partes do corpo humano [53, 217, 229, 230].

"MINIMA NATURALIA" — conceito aristotélico de um tamanho mínimo abaixo do qual uma substância não pode manter sua forma distinta (voltando a ser matéria indiferenciada). Usado na teorização protoquímica, influiu no ressurgimento dos modos de pensamento atomistas [221, 63].

"MIRABILIA" — literalmente, "coisas maravilhosas". Usado para denotar máquinas ou autômatos que costumavam ser mostrados na corte em exibições, cerimônias, espetáculos teatrais e ocasiões similares e que pretendiam produzir, por meios ocultos, efeitos impressionantes ou surpreendentes, mas apenas divertidos [13, 61, 62].

MOVIMENTO RETRÓGRADO — nome dado ao movimento de um planeta quando ele se move temporariamente pelo céu na direção oposta à usual. Desde a aceitação do heliocentrismo, reconhecido como uma ilusão gerada quando a Terra alcança um planeta, mas explicado na astronomia ptolomaica pela suposição de que o planeta gira em torno do centro de seu epiciclo enquanto este gira em torno do centro do deferente [43, 60, 135, 168].

MUNDO/SISTEMA DO MUNDO — refere-se *não* à Terra, mas ao cosmo ou universo como um todo [217].

NEOPLATONISMO — estritamente, refere-se à filosofia diversificada de pensadores helenistas e posteriores que se consideravam seguidores de Platão (427-347 a.C.), mas que tenderam a enfatizar os elementos mais religiosos de seu pensamento. Um sistema de crenças mal definido porém freqüentemente associado com a visão mágica do mundo [56, 71, 144, 230].

NUMEROLOGIA — o estudo e a teoria do significado dos números. Crença mágica de que os números podem ser usados para revelar as intenções e os planos de Deus [53, 71, 99].

OCASIONALISMO — posição filosófica, derivada do mecanicismo cartesiano, que sustenta que Deus é a única causa verdadeira da mudança física. O movimento parece ser transferido de um corpo para outro no impacto porque Deus mantém o sistema em conformidade com regras ou leis auto-impostas de movimento [89, 106, 129, 143].

ÓPTICA — a ciência da luz e da visão. Uma das "ciências matemáticas mistas" [177, 183].

OVISMO — a crença de que o ovo da fêmea é o elemento crucial na reprodução, sendo o *sine qua non* para a geração de nova progênie. William Harvey (1578-1657) sustentou a crença de que todas as criaturas emergem de um ovo, mas acreditava que isso se dava por diferenciação gradual a partir de uma substância orgânica previamente indiferenciada (epigênese); de modo mais geral supunha-se que as criaturas estavam pré-formadas no ovo; idéia que deu origem à teoria do *emboîtement* [101, 235, 172].

PATOLOGIA HUMORAL — o estudo da doença como uma perturbação do equilíbrio normal dos quatro humores no corpo [101, 139].

PERÍODO MODERNO INICIAL — usada de maneira não rigorosa para designar o período imediatamente posterior ao Renascimento. Neste livro a expressão deve ser entendida como iniciando-se no século XVI e abrangendo a totalidade de nosso período.

PLATÔNICO — originado ou baseado na obra de Platão (427-347 a.C.).

PREEXISTÊNCIA — crença de que toda progênie potencial já existe pré-formada no ovo (ovismo) ou semente (animalculismo) de todos os genitores potenciais. Crença dominante entre filósofos mecânicos que consideraram difícil acomodar as teorias epigenéticas às suas idéias [101, 172, 182, 235].

PREFORMISMO — teoria da geração animal que admite a preexistência de progênie no ovo (ovismo) ou na semente masculina (animalculismo) dos genitores.

PRINCÍPIOS ATIVOS — princípios presentes nos corpos que se supõe serem a causa de várias atividades desses corpos, tais como atração gravitacional e fermentação. Uma noção newtoniana, prefigurada em pensadores anteriores [56, 57, 110, 236].

PTOLOMAICO — originado ou baseado na obra de Cláudio Ptolomeu (*c.*100-170). Geralmente usado para designar o sistema astronômico em uso antes que o sistema copernicano passasse a dominar [43, 60, 135, 168].

PURITANISMO — termo controverso [ver 115, 158, 227, 231, 33], mas geralmente visto como alusivo às formas mais ascéticas da crença protestante, em particular o calvinismo.

QUALIDADES MANIFESTAS — qualidades que se afirma surgirem dos quatro elementos ou de suas combinações: primariamente calor, frio, secura e umidade ou, de forma secundária, maciez, dureza, doçura, acidez e outras qualidades que podem ser diretamente discernidas pelos sentidos [38, 121, 153].

QUALIDADES OCULTAS — propriedades ocultas das substâncias que não podem ser discernidas pelos sentidos de forma direta, mas apenas indiretamente mediante seus efeitos, e que não podem ser reduzidas às operações das qualidades manifestas [121, 153, 38, 39, 110].

REALISMO — crença de que as ciências nos revelam o modo como as coisas realmente são. Assim, para o realista, a astronomia nos mostra que o Sol realmente se move em torno da Terra, ou vice-versa, e a filosofia mecânica nos mostra que os corpos de fato são feitos de partículas invisivelmente pequenas [126, 135, 238, 83, 89, 201]. Compare com instrumentalismo.

RESTAURAÇÃO — a restauração da monarquia após o período de Interregno do Republicanismo e do Protetorado de Oliver Cromwell (1599-1658). Também usado para denotar o período que se seguiu à Restauração.

REVOLUÇÃO GLORIOSA — a chamada revolução de 1688, que resultou na ascensão conjunta de Guilherme e Maria ao trono após a abdicação de Jaime II, convertido ao catolicismo.

SILOGISMO — um raciocínio formalizado de três termos: duas premissas e uma conclusão. Por exemplo: todos os homens são mortais, Sócrates é um homem, portanto Sócrates é mortal. Considerado por Aristóteles o fundamento de todo raciocínio dedutivo, mas condenado por Francis Bacon como incapaz de produzir conhecimento novo (uma vez que a conclusão está sempre implícita nas premissas) [50, 67, 127, 138, 145].

SUBLUNAR — abaixo da esfera da Lua. Ver também "superlunar".

SUPERLUNAR — acima da esfera da Lua. Uma importante distinção a fazer na filosofia aristotélica em que, por exemplo, os movimentos naturais eram diferentes acima e abaixo da Lua [43, 135, 138, 139].

TEOLOGIA INTELECTUALISTA — enfatiza o papel da razão de Deus no ato da Criação e implica que Deus foi conduzido por sua razão a criar o melhor mundo possível, em que nada é contingente mas baseado em princípios eternos de bondade, verdade e razão. Disto se segue que deveria ser possível descobrir o sistema do mundo pelo uso da razão. Compare com a teologia voluntarista [15, 140, 160, 164].

TEOLOGIA NATURAL — o estudo do mundo natural como meio de estabelecer a existência e alguns dos atributos de Deus. Conseqüentemente, a asserção religiosa de que a teologia válida se funda em princípios naturalistas e na evidência [15, 90, 115, 125, 161, 175, 234].

TEOLOGIA VOLUNTARISTA — enfatiza a onipotência de Deus e a liberdade irrestrita de sua vontade no ato da Criação. Implica que o mundo é inteiramente contingente, não dependendo de nada senão da vontade arbitrária de Deus, e que o sistema do mundo não pode ser descoberto por raciocínio mas unicamente por investigações empíricas [15, 110, 112, 133, 160, 164, 234].

TEORIA DO "IMPETUS" — desenvolvida na Idade Média por Jean Buridan (*c.*1295-1358) e adotada por Galileu Galilei (1564-1642) como uma alternativa às explicações aristotélicas do movimento, a teoria supunha que projéteis continuam em movimento depois de perder contato com seus projetores (problemático para Aristóteles) em conseqüência de um *impetus* conferido. O *impetus* é totalmente consumido durante o vôo do projétil [99, 139, 224].

TERAPÊUTICA — sistema de teoria em medicina relacionado com a determinação de terapias ou tratamentos de enfermidades. A terapêutica tradicional, derivando da medicina grega antiga, buscava restaurar o equilíbrio dos quatro humores no corpo [35, 101, 139, 165, 229].

TRADIÇÃO HERMÉTICA — tradição de pensamento derivada do *Corpus* hermético, textos que supostamente teriam sido escritos na mais remota Antigüidade por Hermes Trismegisto, mas que hoje se sabe terem tido origem no início da era cristã. Teve importante lugar na historiografia da revolução científica, mas deveria ser vista na verdade como um mero aspecto da tradição neoplatônica mais ampla [39].

"VIS VIVA" — "força viva", nome cunhado por G.W. Leibniz (1646-1716) para designar o tipo de força ativa produzida por um corpo realmente em movimento, como o impacto causado por um corpo em queda [3, 84, 123].

"VITA ACTIVA" — a vida ativa, em contraste com a *vita contemplativa, significando devoção ao bem-estar público, esforços capazes de beneficiar a "comunidade", e assim por diante [145].*

VITALISMO — posição filosófica oposta ao mecanicismo que sustenta que as criaturas vivas possuem um princípio vital ou doador da vida [19, 101, 165].

WHIGGISMO — ponto de vista historiográfico, em geral lamentável, que julga a importância de eventos passados à luz dos padrões, preocupações etc., atuais, ou que se ocupa apenas daqueles acontecimentos passados que obviamente parecem ter conduzido ao atual estado de coisas. Uma ameaça sempre presente, capaz de comprometer o trabalho na história da ciência [199].

Índice Remissivo

Este livro foi composto pela TopTextos Edições Gráficas, em Times New Roman, e impresso por Hamburg Gráfica Editora, em julho de 1998.